Aachener Theologische Schriften
herausgegeben von Simone Paganini

Band 18

Christina Kumpmann,
Simone Paganini

Das AlefBetGimel

Grundkurs Bibelhebräisch

Shaker Verlag
Düren 2024

Bibliografische Information der Deutschen Nationalbibliothek
Die Deutsche Nationalbibliothek verzeichnet diese Publikation in der Deutschen Nationalbibliografie; detaillierte bibliografische Daten sind im Internet über http://dnb.d-nb.de abrufbar.

Printed in Germany.

ISBN 978-3-8440-9668-2
ISSN 2364-477X

Shaker Verlag GmbH • Am Langen Graben 15a • 52353 Düren
Telefon: 02421 / 99 0 11 - 0 • Telefax: 02421 / 99 0 11 - 9
Internet: www.shaker.de • E-Mail: info@shaker.de

Inhalt

Hauptformen des starken Verbs

Anhang

Vorwort

Die fiktive Geschichte des Propheten Jona im Alten Testament wurde als Metapher in ganz unterschiedlichen Kontexten verwendet. Sie kann auch ohne weiteres als Bild für die Erfahrungen von Student:innen, die vor der Hürde „Althebräisch lernen" stehen, gesehen werden...

Ähnlich wie die Aufgabe, die Jona in der assyrischen Stadt Ninive zu erfüllen hat, ist die Entscheidung, diese alte Sprache zu lernen, in der Regel keine freiwillige, sondern durch die Prüfungsordnung vorgegeben. Auch der Versuch – wie der Prophet vor seinem Auftrag – vor dieser Aufgabe zu fliehen, ist eine Erfahrung, die viele Student:innen schon gemacht haben oder machen werden, und zwar – wie Jona – noch bevor sie überhaupt den Versuch unternommen haben, sich dieser Aufgabe zu stellen. Die Rolle des Sturms, der Jona zurückwirft, und die Rolle des großen Fisches, der Jona vor der Mauer von Ninive ausspuckt, werden häufig von den jeweiligen Hebräisch-Dozent:innen und Tutor:innen übernommen. Dazwischen ist sogar der letzte Hilfeschrei Jonas im Bauch des Fisches zu hören. Nicht wenige Student:innen versuchen nämlich, den Hebräisch-Kurs so lange wie möglich hinauszuzögern – obwohl sie wissen, dass es ihnen nichts nützen wird.

Endlich vor der Stadtmauer von Ninive angekommen, geht Jona nur einen Tagesmarsch in die Stadt hinein, obwohl sie dreimal so groß ist – so wie sich manche Student:innen wenige Wochen vor der unausweichlichen

Prüfung wenigstens dazu durchringen, gerade so viel Hebräisch zu lernen, dass sie sich mit etwas Glück durch die Prüfung schlagen können.

Aber weg vom metaphorischen Bild. Die hebräische Sprache fasziniert durch ihren Klang, ihre Nuancen, ihre Bildhaftigkeit ... Gleichzeitig wirkt sie auf viele abschreckend. Das fremde Schriftbild, der neue Wortschatz und eine Grammatik, die mit der deutschen kaum etwas gemein hat, tragen dazu bei, dass sich die meisten Menschen gar nicht erst auf das Wagnis einlassen, das Alte Testament in seiner Originalsprache zu lesen. Doch das müsste nicht sein. Denn mit den richtigen Hilfsmitteln ist es gar nicht so schwer, Hebräisch zu lernen. Mit jedem Schritt, den man sich der fremden Sprache nähert, mit jeder Hürde – das Schriftbild, die ungewohnte Schreibrichtung – die überwunden wird, taucht man tiefer in eine faszinierende Sprachwelt ein.

Dieses Lehrbuch enthält weder eine vollständige Grammatik noch ein umfassendes Wörterbuch. Es behandelt nicht alle Ausnahmen und Besonderheiten der hebräischen Sprache. Es ist vielmehr eine Arbeitshilfe, die zusammen mit dem zugehörigen Moodle-Online-Kurs verwendet werden soll. Es richtet sich an Student:innen, die nur wenige Semesterwochenstunden für das Erlernen der hebräischen Sprache zur Verfügung haben und nicht über (gute) Latein- oder Griechischkenntnisse verfügen.

Zielorientiert und sparsam werden den Student:innen die notwendigen Inhalte und Hilfsmittel vermittelt, um am Ende einfache hebräische Texte lesen und verstehen zu können. Es geht nicht in erster Linie darum zu lernen, warum sich eine bestimmte Form oder Schreibweise entwickelt hat, sondern darum, Wörter in ihrem Kontext zu lesen, zu verstehen, zu analysieren und zu übersetzen.

Der Aufbau der einzelnen Lektionen folgt einem Schema, das sich in langjähriger Unterrichtspraxis bewährt hat. Nach einer kurzen Einführung wird eine Hauptregel erläutert, die dann durch Beispiele und Übungssätze vertieft wird. Anhand dieser Übungen werden gleichzeitig einige weitere Besonderheiten erläutert.

Da die Erfahrung gezeigt hat, dass das Erlernen grammatikalischer Regeln leichter fällt, wenn diese mit alttestamentlichen Texten in Verbindung gebracht werden, wird die hebräische Sprache in diesem Buch weitgehend anhand von Beispielen aus dem Buch Jona erklärt. Dies hat allerdings zur Folge, dass einige grammatikalische und syntaktische Phänomene in diesem Lehrbuch nicht behandelt werden, da sie im Buch Jona nicht vorkommen. Dennoch werden alle wesentlichen Elemente des Althebräischen behandelt.

Das vorliegende Buch ist über mehrere Semester hinweg entstanden und basiert auf Vorlesungsskripten und Übungsblättern, die in jedem Semester überarbeitet, ergänzt, korrigiert und durch Fragen und Anregungen der Student:innen erweitert wurden. In den letzten Jahren wurde außerdem einen Online-Sprachkurs entwickelt, der als Ergänzung und Weiterführung des Lehrbuches gedacht ist.

Das Erlernen der hebräischen Sprache geht weit über die Vermittlung von grammatikalischen und syntaktischen Regeln hinaus, die Sprache der Bibel selbst vermittelt Theologie. Bei aller Schönheit der Sprache und allem (möglichen) Selbstzweck ihres Erlernens ist Hebräisch ein Werkzeug, ohne dass man einer Übersetzung ausgeliefert wäre, in der die Feinheiten des Alten Testaments verborgen blieben und – vielleicht – auch seine tiefe theologische Botschaft.

Die folgenden Seiten verstehen sich als Hilfsmittel auf diesem faszinierenden Weg. Im Anhang sind noch zwei Aufsätze zu finden, die Möglichkeiten erörtern, wie die hebräische Sprache im Unterricht verwendet werden kann.

Wer noch mehr Wissensbegierde stillen will, wird in den Literaturhinweisen am Ende des Buches ausreichendes Material finden.

Zuletzt gilt es noch einen großen Dank an Caroline Klasen und Claudia Gialousis zu richten. Mit ihrem künsterlichem Talent hat Frau Klasen das Lehrbuch nicht nur mit einem großartigen Cover versehen, sondern auch das Buch selbst illustriert. Frau Gialousis hat die alte Buchvorlage überarbeitet, lektoriert und mit ungeheuerer Geduld und Können dem Lehrbuch ein neues, ansprechendes Layout gegeben.

Aachen, im September 2024

Simone Paganini
Christina Kumpmann

Zum Gebrauch dieses Buches

Dieses Lehrbuch ist nicht in erster Linie zum Selbststudium der hebräischen Sprache gedacht, obwohl dies natürlich möglich ist. Sowohl die Grammatik als auch die Übungen sollten bestenfalls von Tutor:innen begleitend erklärt und aufgelöst sowie mit Hilfe des Online-Kurses bearbeitet werden. Jede Lektion entspricht einer Arbeitseinheit einer universitären Doppelstunde (90 Min.).

Neben dem Material im Buch, existieren Online-Übungen und Erklärvideos im semesterbezogenen Moodle-Raum. Es ist für ein umfangreicheres Verständnis ratsam, auf diese lektionsbegleitend zurückzugreifen.

Die Lektionen 1-3 (mit der Abbildung der Torah-Rolle) geben eine Einführung in die Sprache und erklären die hebräische Schrift.

Die Lektionen 4-7 (mit der Abbildung des Menora-Leuchters) führen in die ersten Besonderheiten der Sprache ein und behandeln Nomen, Pronomen, Präpositionen und Nominalsätze.

Die Lektionen 8-15 (mit der Abbildung des Opferaltars) behandeln die regelmäßigen Verbformen im Qal und in den abgeleiteten Stämmen.

Die Lektionen 16-18 (mit dem Bild der Arche) behandeln schließlich die Hauptformen des starken Verbs.

Danach kann die Jonageschichte kontinuierlich bis zum Ende übersetzt werden. Dabei werden die wichtigsten grammatikalischen Aspekte der hebräischen Sprache, die noch nicht behandelt wurden, kurz vorgestellt.

Alle Übungssätze sind dem Buch Jona entnommen. In den Sätzen wurde die masoretische Vokalisierung beibehalten.

Die Übersetzung des Buches Jona am Ende des Lehrbuches versteht sich als Arbeitsübersetzung. Diese Übertragung ins Deutsche orientiert sich sehr eng am hebräischen Text. Die Einteilung in Satzeinheiten dient dazu, die hebräischen Satzstrukturen deutlicher hervorzuheben, um das Verständnis zu erleichtern.

Alle in den Übungen verwendeten Vokabeln sind im „Verzeichnis“ am Ende des Lehrbuchs aufgeführt und übersetzt.

Der abschließende Beitrag zu Wörtern, die heute noch aus dem Hebräischen ins Deutsche übernommen werden, soll vor allem eine mögliche praktische „Anwendung“ des Erlernens der biblischen Sprache aufzeigen.

Zum Schluss kommt noch ein Aufsatz über mögliche didaktische Anwendungen der Hebräischen Sprache im schulischen Unterricht.

Abkürzungsverzeichnis

a	aktiv
abs	absolutus
adj	Adjektiv
akk	Akkusativ (4. Fall)
adv	Adverb
art	Artikel
c	communis
cs	constructus
d	dual
dem	Demonstrativ
EN	Eigenname
epp	enklitisches Personalpronomen
f	feminin
m	maskulin
n	Nomen
neg	Negation
Ni	Nif'al
p	passiv
par	Partikel
perf	Perfekt
Pi	Pi'el
pl	Plural
Po	Po'el
präp	Präposition
pron	Pronomen
ptz	Partizip

Hit	Hit'pael	Q	Qal
Ho	Hof'al	rp	Relativpartikel
impf	Imperfekt	s	Singular
impt	Imperativ	spp	selbständiges Personalpronomen
inf	Infinitiv	st	status
inter	Interrogativ	w-impf	waw Imperfekt
kon	Konjunktion		
loc	localis		

Einführung in die hebräische Sprache und Schriftzeichen

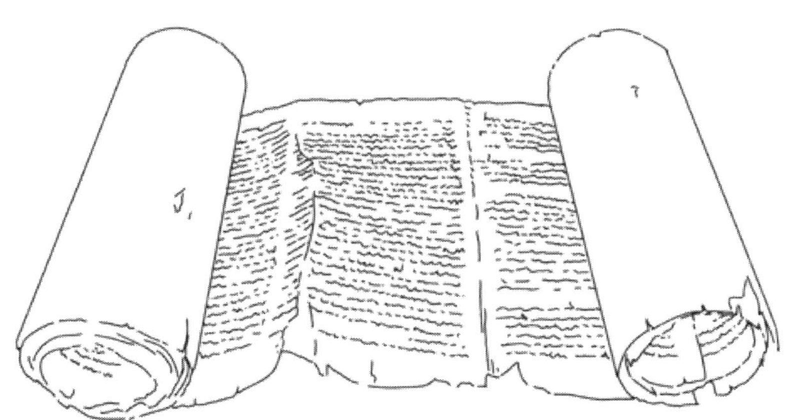

Lektion 1
Bibelhebräisch und das Buch Jona: zwei Kurze Einführungen

Mit Ausnahme einiger weniger griechischer Bücher und mancher aramäischer Verse sind die Schriften des Alten Testaments ursprünglich in **Hebräischer Sprache** verfasst worden, einer der ältesten Sprachen der Menschheit. Zusammen mit Arabisch, Äthiopisch, Aramäisch, Akkadisch und dem modernen Hebräisch (Ivrit) gehört es zu den semitischen Sprachen, wobei die Ähnlichkeit nach grammatikalischen und syntaktischen Gesichtspunktenmit dem Akkadischen und dem Aramäischen besonders groß ist.

In Mesopotamien entstanden, leitet sich das Wort „Akkadisch" von der Stadt Akkad in der Nähe des heutigen Bagdad ab. Die wesentlich vom Sumerischen beeinflusste Sprache ist auf Tontafeln seit etwa 2500 v. Chr. überliefert und zeugt von den ersten Versuchen, Texte mithilfe eines **Buchstabensystems** zu verfassen. Dabei wandte man zwar prinzipiell die von dem Volk der Sumerer übernommene Keilschrift an, entwickelte in Abgrenzung vom Sumerischen aber ein voll ausgebildetes Silbensystem. Die Tage des Akkadischen waren allerdings gezählt. Schon um 1800 v. Chr. wurde es nur noch als Schriftsprache verwendet.

Einer seiner wichtigsten Bedränger, das Aramäische, war ursprünglich die Sprache jener Nomaden und Halbnomaden, die im zweiten Jahrtausend vor unserer Zeitrechnung in das Kulturland des so genannten „Fruchtbaren Halbmondes" (Mesopotamien) eindrangen und dort zum

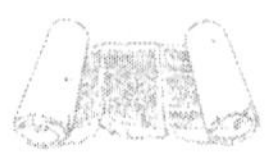

Teil sesshaft wurden. Zu seiner größten Bedeutung gelangte das Aramäische allerdings zur Zeit der Perser, als diese rund 500 Jahre v. Chr. von Kleinasien über Ägypten, den „Fruchtbaren Halbmond" und das Iranische Hochland bis nach Zentralasien ein riesiges Gebiet eroberten und Aramäisch – daher die Bezeichnung **Reichsaramäisch** – zur Sprache ihres Imperiums wählten. Damals musste auch Hebräisch als Sprache des täglichen Umgangs dem Aramäischen weichen.

Ähnlich dem aramäischen entwickelte sich das hebräische Alphabet aus der **phönizisch-kanaanäischen Konsonantenschrift**. Besonderes Merkmal dabei ist, dass die 22 Buchstabenformen aus Bildsymbolen abgeleitet sind, mit denen später der Anfangslaut des jeweiligen Symbols assoziiert wurde. Aus diesen Zeichen werden alle 5642 Wörter, die in der Bibel vorkommen, gebildet.

Beispiel für akkadische Keilschrift. Tontafel mit einem Kaufvertrag über ein Haus (ca. 2350 - 2150 v. Chr.).

Von rechts nach links geschrieben und gelesen existierte das hebräische Alphabet zunächst als reine Konsonantenschrift, in der Vokale ausgelassen wurden und erst von der Leserschaft – gewissermaßen auswendig gelernt – hinzugefügt werden mussten. Da durch Anfügung verschiedener Vokale an den gleichen Konsonanten unterschiedliche Worte gebildet werden konnten, erhielt das Hebräische schon sehr früh einen symbolisch verschlüsselten Charakter.

Im 2. Jh. v. Chr. begann man, den einzelnen Buchstaben einen **Zahlwert** zuzuweisen. So konnte z.B. der Buchstabe „beth" (ב) auch für die Zahl 2 stehen. Wenngleich Zahlen vor allem in heiligen Texten meist ausgeschrieben wurden, verstärkte diese Entwicklung den Geheimnischarakter des Hebräischen noch weiter. In einer Weiterentwicklung des neuen Zahlensystems war es nämlich möglich, ein Wort durch die aus der Summe seiner einzelnen Buchstaben errechnete Zahl zu ersetzen. Auf diese Weise schuf man symbolische Zahlen, die regelmäßig in den heiligen Schriften vorkommen, ja diese sogar auf eine Art und Weise zu organisieren scheinen. So behaupten Vertreter:innen einer magischen Leseweise

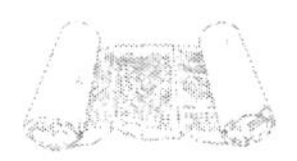

der Bibel, dass, wenn man nur den richtigen Entzifferungscode entdecke, die Bibel auch Auskunft über die Zukunft bzw. über bis dato unzugängliche Geheimnisse des menschlichen Seins gäbe. Trotz aller Faszination ist diese These allein schon wegen der inhomogenen und mehrere Jahrhunderte andauernden Entstehungsgeschichte des Alten Testaments sehr unwahrscheinlich.

Wie auch in den anderen semitischen Sprachen ist die Mehrzahl der hebräischen Worte aus **drei Wurzelkonsonanten**, sogenannten Radikalen, gebildet. Dieses Phänomen heißt Trilitterismus. Im Spiel mit den je drei Wurzelbuchstaben können weitere Konsonanten sowohl am Anfang (als Präfix) als auch am Ende (als Suffix) eines Wortes hinzugefügt werden. Die Wurzelkonsonanten selbst können ebenso verdoppelt werden oder wegfallen. Auf diese Weise entstehen Worte mit zwei, vier oder mehr Konsonanten, die die Grundbedeutung der ursprünglichen Dreiergruppe modifizieren, verdeutlichen, verbreitern oder entfalten können.

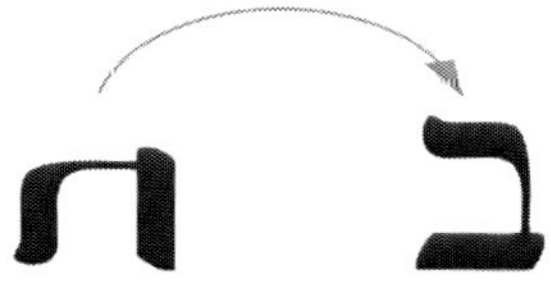

Der Buchstabe „ב" (beth) ist ein um 90° gedrehtes Haussymbol. Haus heißt auf Hebräisch „bajit" und so wird ב „b" gelesen.

Beispiel:

L - B - N

LaBaN (Adjektiv)	weiß
LaBaN (Verb)	weiß sein, weiß werden, weiß machen usw.
LaBaNa	Vollmond (weiß strahlend)
L^{e}BoNaH	Weihrauch (hebt sich weiß von der Luft ab)
L^{e}BeNaH	Ziegel aus Lehm (im getrockneten Zustand weiß)
LaBaN	Laban (der Bruder Abrahams, möglicherweise ein Albino)
L^{e}BeNoN	Libanon (als der vom Schnee weiße Berg)
LiB^{e}NeH	Weißpappel
LiB^{e}NaH	eine Stadt in der Wüste (sehr hell = weiß)

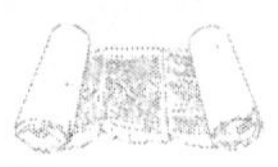

Solange Hebräisch gesprochen wurde, war die Möglichkeit, mit wenigen vokalischen Veränderungen etwas anderes auszudrücken, ja fast zu evozieren, etwas Großartiges. In dem Augenblick aber, als es aus dem Alltag verschwand und sich zur Sprache der Liturgie bzw. des Kultes wandelte, ergab sich aus dieser Offenheit die Notwendigkeit, ein **Vokalisationssystem** zu entwickeln, um die Lesung des Konsonantentexts zu erleichtern und schließlich die Bedeutung der Texte zu sichern. Dabei hat sich das so genannte Masoretische System, bei dem mittels zusätzlicher Punkte und Striche die fünf Vokale sowie ihre jeweilige Länge ausgedrückt werden, gegenüber dem palästinischen und babylonischen System durchgesetzt.

Doch damit nicht genug der Besonderheiten. Unabhängig davon, ob als Subjekt oder Objekt gebraucht, bleibt das Nomen im Hebräischen gleich und wird nicht wie im Griechischen, Lateinischen oder Deutschen abgewandelt. Durch Anfügung von **Suffixen** können allerdings Feminin- und Plural-Formen gebildet werden, wobei diese Suffixe manchmal eine Veränderung der Vokale bewirken.

◁ **Beispiel:**

MæLæK

MæLæK	König
MæLæK + im	Könige
MaLK + a	Königin
MeLaK + ot	Könniginnen

Als selbständiges Substantiv befindet sich das Nomen im so genannten status absolutus, ansonsten steht es im status constructus. Mit dem status constructus bringt man im Hebräischen z.B. auch den zweiten Fall (Genitiv) zum Ausdruck. Während im Deutschen der Besitzer im Genitiv steht, geschieht im Hebräischen so genau das Gegenteil: Der Besitzer steht im Nominativ, der Besitz im Genitiv.

Deutsch:	der Sohn des Amittai(s)
Hebärisch:	ben ´ªmittaj = Sohn(es) (des) Amittai

Um Besitzverhältnisse zu klären, können aber auch **Pronomina** eingesetzt werden. Diese werden an den status constructus des Nomens angehängt und sind in ihrer Bedeutung äußerst exakt. Sowohl für die zweite als auch für die dritte Person Singular und Plural wird mithilfe des Pronomens festgelegt, ob es sich beim jeweiligen „Besitzer" um einen Mann oder um eine Frau handelt. So wird z.B. im Buch Jesaja Gott über diese „versteckte" Präzisierung häufig in der zweiten Person Singular feminin angeredet. Dies ist eine der Feinheiten, die aus der deutschen Übersetzung nicht mehr hervorgeht, ja sich mit dem im „Du" selbstverständlich als Mann gedachten Gott gänzlich verliert.

Wie auch das Nomen, besteht das hebräische Verb aus drei Konsonanten. Anders als im Deutschen ist das zugrunde liegende Verbalsystem aber ein **Aspektsystem** und kein Zeitsystem. Zwar unterscheidet man im Hebräischen auch zwischen einer abgeschlossenen (Perfekt) und einer nicht abgeschlossenen (Imperfekt) Handlung, ob sich diese Handlung jedoch in der Vergangenheit, Gegenwart oder Zukunft abspielt, ist meist nur aus dem Kontext ersichtlich. Da aufgrund dieser Differenz jede Übersetzung immer schon eine Interpretation sein muss, sind die Verschiebungen zwischen Aspekt- und Zeitsystem für die Bibelauslegung besonders wichtig. So ist es z.B. für die Bedeutung der prophetischen Bücher nicht gleichgültig, ob sie die Zukunft vorhersagen, die Gegenwart beschreiben oder gar Vergangenes nacherzählen bzw. interpretieren.

Doch zurück zum hebräischen Aspektsystem. Neben dem **Grundstamm** existieren sowohl ein **Intensivstamm** als auch ein **Kausativstamm**, wobei alle drei aktiv (töten), passiv (getötet werden) und reflexiv (sich töten) gebraucht werden können.

Diese verschiedenen Stämme werden durch die Veränderung von Vokalen und durch die Hinzufügung von Prä- und Suffixen gebildet. Aus Q-T-L (töten) wird z. B. mithilfe der Hinzunahme der Vorsilbe ni- eine passive Form gebildet: niqtal (getötet werden).

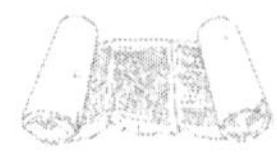

▽ **Beispiel:**

QTL -töten	aktiv	passiv	reflexiv
Grundstamm	töten - qatal		
Passiv-/ Reflexivstamm		getötet werden - niqtal	
Intensivstamm	niedermetzeln - qittel	niedergemetzelt werden - quttal	sich niedermetzeln - hitqattel
Kausativstamm	töten lassen - hiqtil	töten gelassen werden - hoqtal	

Demgegenüber ist der **hebräische Satzbau** sehr einfach.

In der Mehrzahl der Fälle werden die Sätze mithilfe der Konjunktion „ו" (und) verbunden. Diese Konjunktion kann neben der Bedeutung „und" ebenso ein „auch", „aber", „um", „hingegen", „oder" etc. ausdrücken. Die richtige Interpretation bzw. Übersetzung des Textes hängt in diesem Fall eng mit dem jeweiligen Kontext zusammen.

Eine gute Übersetzung, so könnte man resümieren, ist nicht bloß eine Übertragung, sondern verlangt **Kreativität und Einfallsreichtum**, will sie den Charakter des Originals bewahren. Dass eine Übersetzung bei allem Bemühen um Authentizität immer schon eine Interpretation beinhaltet, ist allerdings kein Spezifikum der biblischen Übersetungsproblematik. Wohl aber macht die Andersartigkeit des Hebräischen, der Umstand, dass nicht nur die Grammatik, sondern auch die Lebenswelt und der kulturelle und soziale Hintergrund der Sprache - auf dem mit Assoziationen gespielt wird, die unseren heutigen teilweise sehr fremd sind - das Übersetzen der hebräischen Bibel nicht bloß zu einem Abenteuer, sondern auch zu einem Risiko. Dem Risiko nämlich, dass wesentliche Inhalte aufgrund von Unkenntnis, Nachlässigkeit oder im absichtlichen Versuch, diese umzudeuten, abgeschwächt oder gar in ihr Gegenteil verkehrt werden.

Das Buch Jona

„Und geschah das Wort JHWHs an Jona [...]. Steh auf, geh nach Ninive, der großen Stadt, und rufe gegen sie!" (Jona 1,1-2) Ähnlich wie die meisten biblischen Prophetenerzählungen beginnt auch das Jonabuch mit der sogenannten Wortereignisformel, die den Leser:innen klar und deutlich vor Augen stellt, dass es sich beim weiteren Tun des Propheten um eine göttliche Mission handelt. Im Unterschied zu den Schriften der anderen Propheten steht beim Jonabuch aber nicht eine prophetische Botschaft im Mittelpunkt. Vielmehr handelt es sich um eine in vier Kapiteln entwickelte Episode aus dem Leben des Propheten, die das Jona-Büchlein durch ihre Kürze und Prägnanz zu einer der beliebtesten biblischen Geschichte gemacht hat.

Das Jonabuch ist eine fiktionale Erzählung. Die Frage wann sie entstanden ist, lässt sich aber nur schwer beantworten. Ein Indiz liefern einige verwendete Vokabeln, die in den Schriften des Alten Testaments im Allgemeinen eher in späteren Perikopen vorkommen. Darüber hinaus lassen sich sehr viele intertextuelle Bezüge zu anderen alttestamentlichen Texten finden. Dies wiederum erlaubt, die Verfasser der Jonaschrift als „Schriftgelehrte", welche die älteren Schriften sehr gut gekannt haben, näher zu identifizieren. Als Entstehungszeit ist die nachexilische – vielleicht sogar die hellenistische – Periode anzunehmen.

Am Anfang der Erzählung stehen zwei Namen, die dem Leser schon von früher bekannt sein müssten: Jona, der bereits im zweiten Buch der Könige zur Zeit des Königs Jerobeam II. als Prophet in Israel aufgetreten ist, und Ninive, die Hauptstadt des assyrischen Weltreiches. In der Antike waren die Assyrer als ein besonders blutrünstiges Volk gefürchtet. Um die eigene Herrschaft abzusichern, scheuten sie nicht vor der Zerstörung ganzer Nationen. Sofern die von den Assyrern besiegten Völker aber nicht vernichtet wurden, verschleppte man sie und siedelte sie in anderen Gebieten des Großreiches an. 722 v. Chr. waren die Assyrer dann für die Eroberung und Zerstörung des Nordreiches Israel, der Heimat von Jona, sowie für die Deportation der dortigen Bevölkerung verantwortlich. Für einen guten, an JHWH glaubenden Juden wie Jona konnte deshalb kein anderes Volk verhasster sein als die Assyrer, kein göttlicher Auftrag unzumutbarer, als sich gerade nach Ninive, in das Herz des feindlichen Reiches, zu begeben und dort als Prophet aufzutreten.

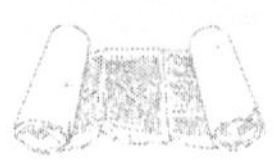

Jona sieht in der Folge auch keine Veranlassung, dem Wort Gottes zu gehorchen, sondern verkauft sein ganzes Hab und Gut – so die rabbinische Auslegung –, mietet ein Schiff und segelt Richtung Tarschisch an der Südspitze Spaniens, was im Verhältnis zum Ziel seines Auftrages, Ninive am Fluss Tigris im Mittleren Osten, faktisch eine Reise an das andere Ende der Welt bedeutet. Jona flieht also vor seinem Auftrag, er flieht vor Gott und er gibt dafür alles auf, was er hatte und was er war. Während Jona auf dem Schiff schläft, kommt aber ein gewaltiger Sturm auf und als alles Klagen umsonst zu sein scheint, überlassen die Seeleute den Propheten dem tobenden Meer. Selbst sterben ist Jona lieber als dem Wunsch seines Gottes nachzukommen.

War die Erzählung bisher durchwegs realistisch, verkehrt sie sich mit dem Sturz Jonas in die Tiefen des Meeres plötzlich ins Märchenhafte. Denn der in den Eingeweiden des Fisches überlebende Jona, der sich nun endlich mit einem „heuchlerischen" und die Wahrheit verkehrenden Gebet an Gott richtet, vollbringt mit seinem Fisch genau die Weltreise – er muss Afrika umrunden, zum persischen Golf gelangen und erreicht nach weiteren etwa 800 Kilometern, die sich das riesige Tier gegen die Strömung des Tigris vorkämpft, die große Stadt Ninive – welche ihm mit seinem eigenen Schiff nicht gelungen war.

Am Strand von Ninive ausgespieen erscheint Jona dann zwar nicht eigentlich gewandelt, wohl aber eingeschüchtert und beginnt die Worte Gottes in die Tat umzusetzen. Seine Bemühungen sind jedoch eher halbherzig, berücksichtigt man, dass er nur einen Tag lang in die Stadt hineingeht, obwohl er drei Tage gebraucht hätte, die ganze Stadt zu durchqueren und damit alle ihre Bewohner:innen zu erreichen. Auch die Stoßrichtung seiner Prophetie lässt sehr zu wünschen übrig. „Noch vierzig Tage und Ninive ist eine zerstörte!" (Jona 3,4) schreit Jona dem Feindesvolk entgegen. Trotz des nur schlampig erfüllten Auftrages beginnen sich die Einwohner Ninives zu bekehren, von den Tieren bis zum König fasten sie und gehen in Sack und Asche. Unterdessen hat Jona sein Lager östlich von Ninive aufgeschlagen und wartet, dass die Stadt zerstört werde. Als dem nicht so ist, wird er zornig, wendet sich ein weiteres Mal an Gott und wirft diesem seine Barmherzigkeit vor. Jona ist nicht nur deshalb wütend, weil die Frevler nicht ihre gerechte Strafe erhalten haben, sondern auch weil er sich selbst als Unheilsprophet lächerlich gemacht sieht.

Die Spannung zwischen der begrenzten Ausführung des Menschen und dem Willen Gottes bleibt erhalten. Gott versucht zwar, Jona am Beispiel einer Schatten spendenden Rizinuspflanze seine Nachsicht mit Ninive begreifbar zu machen, doch Jona bleibt Gott gegenüber stumm und es ist ungewiss, ob er etwas von den Plänen Gottes begriffen hat oder aber in seiner uneinsichtigen Verzweiflung verharrt.

Wenngleich die Geschichte des Jona zu einer der kohärentesten biblischen Erzählungen gehört, bietet sie sich zu durchaus unterschiedlichen Interpretationen an und ist in ihrer Wirkungsgeschichte deshalb oft gegensätzlicher ausgelegt worden als die meisten anderen alttestamentlichen Schilderungen. Entsprechend der kirchlichen Tradition etwa haben Christen das Jonabuch häufig ausschließlich im Hinblick auf das Neue Testament gelesen. Die drei Tage im Bauch des Fisches wurden als Anspielung auf die Auferstehung verstanden, die Verschonung der großen Stadt Ninive als Zeichen der universalen Erlösung durch Jesus Christus. Ähnlich wie im Fall vieler anderer alttestamentlicher Texte wird dem Jonabuch dabei aber jegliche Eigenaussage abgesprochen. Ausgehend von der falschen Annahme, das Neue Testament sei notwendig, um die Botschaft des Jonabuches zu verstehen, hat man über Generationen von Christen hinweg vergessen, dass das Alte Testament ursprünglich von Juden für Juden geschrieben worden ist und somit in sich selbst Relevanz hat bzw. sich aus sich selbst heraus hinreichend erklärt.

Eine noch düsterere christliche Leseweise versteht Jona als den von Gott verworfenen ungehorsamen Juden. Die heidnischen Seeleute und die Einwohner von Ninive hingegen wären das Sinnbild der jungen Kirche bzw. des Christentums, das wahre Gottesvolk, welches das verstockte Alte ablöst. Eine solche antijüdische Auslegung ist in Erinnerung an die Shoah heutzutage zwar nicht mehr salonfähig, jedoch schwingt sie implizit noch häufig mit, wo Christen sich auf unredlichem und eigentlich ungläubigem Weg ihrer eigenen Wahrheit vergewissern wollen.

Betrachtet man das Buch Jona jedoch in seiner Funktion innerhalb des alttestamentlichen Kanons, wird deutlich, dass es sich bei der Geschichte des unbelehrbaren Propheten um ein klares Beispiel innerbiblischer Kritik handelt. Ziel dieser jüdischen Selbstkorrektur ist es, gegenüber anderen stärker nationalistisch orientierten bzw. die Gesetzestreue hervorhebenden Texten die Idee eines barmherzigen Gottes zu verfechten, indem anhand der Protagonisten Jona, der Seeleute und der Stadt Ninive aufgezeigt wird, dass die ehrliche und Vergebung suchende Hinwendung zu Gott mehr ist als die unmenschliche Selbstgerechtigkeit selbst der eigenen theologischen Führungselite. Mit diesem Vorbild des Erbarmen

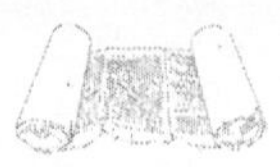

schenkenden Gottes ruft das Jonabuch die Leser:innen auf, mit Umsicht und Klugheit den Auftrag Jonas zu vollenden und dort als Sprecher der Gerechtigkeit aufzutreten, wo alles voller Gewalt und Verstellung zu sein scheint. Zugleich aber mahnt es die Gläubigen – Juden wie Christen – sich selbst zu hinterfragen und sich Antwort darüber zu geben, wie man an Jonas Stelle gehandelt hätte, ob man die Gnade Gottes – das Wohlergehen jener, die es nicht verdient haben – anzunehmen fähig ist oder aber sich in seiner kleinlich aufrechnenden Starrheit dem immer größeren Du Gottes verschließt.

Die einfache alte hebräische Sprache des Jonabuches vermittelt überlegte, tiefsinnige und heute immer noch zutiefst aktuelle Theologie.

Lektion 2
Die Konsonanten der hebräischen Sprache

Der erste Vers des Buches Jona:

ויהי דבר־יהוה אל־יונה בן־אמתי לאמר׃

Jona 1,1

Zur hebräischen Schrift

Die hebräische Schrift entwickelte sich aus einem Zeichensystem nach dem Prinzip der **Akrophonie**. Jeder Buchstabe bezieht sich demnach auf ein Bild, dessen hebräische Bezeichnung mit dem entsprechenden Laut beginnt. Diese Bildzeichnung kann man heute noch für die Mehrzahl der hebräischen Konsonanten rekonstruieren.

Beispiel:

Stierkopf = Hebräisch: 'alef: א

Wasser = Hebräisch: majim = mem: מ

Kopf = Hebräisch: rosch = resch: ר

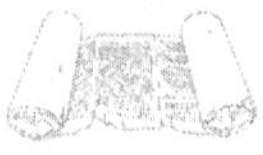

Das hebräische Alphabet besteht aus **22 Konsonantenzeichen** und wird als Quadratschrift bezeichnet, da alle Buchstaben in ein Quadrat hineingeschrieben werden können. Die Schriftrichtung ist von rechts nach links.

Die Wurzelkonsonanten werden im Buch und in den folgenden Lektionen folgendermaßen dargestellt:

Eigenschaften und Besonderheiten der Konsonanten

Folgende Eigenschaften sind wichtig, um einerseits die Schreibweisen einzelner Worte zu verstehen und diese andererseits korrekt auszusprechen:

- Gutturale (א, ה, ח, ע) werden im normalen Fall mit einem „a"-Laut vokalisiert.
- א am Ende einer Silbe und ה am Ende eines Wortes werden nicht ausgesprochen (*quieszieren*).
- In allen Konsonantenzeichen außer א, ה, ח, ע (Gutturale) und ר kann ein Punkt stehen: בּ, גּ, כּ, תּ usw. Dieser Punkt heißt ***„dagesch forte"*** und zeigt eine Verdoppelung des entsprechenden Zeichens an.
- Im Fall von בּ, גּ, דּ, כּ, פּ und תּ – Merkwort: **b^e^gadkefat** – ist der Punkt, wenn die vorangehende Silbe nicht mit einem šᵉwa (□ְ) vokalisiert ist, ein ***„dagesch lene"*** und bewirkt eine **harte Aussprache** des Konsonanten. Diese harte Aussprache wird in der Praxis aber nur beim ב (Aussprache „v") bzw. בּ (Aussprache „b") und כ (Aussprache „ch") bzw. כּ (Aussprache „k") sowie פ (Aussprache „f") bzw. פּ (Aussprache „p") unterschieden.

! Achtung:

- Jeder Vers der hebräischen Bibel endet mit einem *„sof pasuq"* (׃).
- Manchmal werden zwei Worte mit einem „־" verbunden. Dieses Zeichen heißt *„maqqef"* und zeigt an, dass zwei Worte zusammengehören. Außerdem werden die so miteinander verbundenen Worte zu einer einzigen Betonungseinheit.

Beispiel: דבר־יהוה= „Das Wort (des) JHWHs"

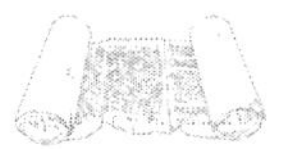

Das hebräische Alphabet

Zeichen	Name	Aussprache	Umschrift
א	*'alef*	leichter Stimmansatz	'
ב	*bet*	b (dagesch)/ v (ohne dagesch)	b
ג	*gimel*	g	g
ד	*dalet*	d	d
ה	*he*	h (aspiriert)	h
ו	*waw*	w (wie in ‚way‘)	w
ז	*zajin*	s (wie in ‚sauer‘)	z
ח	*chet*	Kehllaut, wie ch in ‚ach‘ - כ	ḥ
ט	*ṭeth*	t = ת	ṭ
י	*jod*	j	j
ך/כ	*kaf*	Kehllaut wie ch in ‚ach‘ - ח	k
ל	*lamed*	l	l
ם/מ	*mem*	m	m
ן/נ	*nun*	n	n
ס	*samech*	stimmloses s wie in ‚das‘ = שׂ	s
ע	*'ajin*	harter Kehlkopflaut	'
ף/פ	*pe*	p/f	p

צ/ץ	*ṣade*	ts	ṣ
ק	*qof*	q	q
ר	*resch*	r	r
שׂ	*sin*	stimmloses s = ס	ś
שׁ	*schin*	sch	š
ת	*taw*	t	t

! Achtung:

Kaf ך, Mem ם, Nun ן, Pe ף und Sade ץ haben diese besondere Form für den Fall, dass sie am Ende des Wortes stehen.

Aufgaben

1. Erkennen Sie die Konsonanten in den ersten zwei Versen des Jonabuchs? Welche Konsonanten kommen nicht vor?

1 ויהי דבר־יהוה אל־יונה בן־אמתי לאמר׃

2 קום לך אל־נינוה העיר הגדולה וקרא עליה

כי־עלתה רעתם לפני׃

2. Markieren Sie folgende Worte in den ersten beiden Versen von Übung 1. Welches Wort kommt in beiden Versen vor?

עליה	יונה
לאמר	ויהי
לפני	לך
אל	עלתה

3. Finden und korrigieren Sie die Fehler in den folgenden Wörtern.

רעתמ	קומ
זין	מלכ
דרכ	זעפ
בנ	טעמ
לכּ	םלכ
ארצ	נתנ

4. Unterscheiden Sie zwischen den einzelnen Konsonanten.

תתההחחתתההחהרחהת התחחתרתהחחתבתחבד דדברבדרדברדדבר

בפכרכפבבכפבכברבכ ננגנגנגנננגגנגגנ

וייייויי ששׂצסששׂששׂצששׂטצצצ

ססטמספסטספספסמסט חררגדדנתהצבג זוףוףודזזדוודףד

יוגזגזוננירזו

ףוףקףוקודףדודקודףקדףקוףק

מסמלמסללסל גגגגייוונגוויננגנייננגגוונריייי

זקףזדוףוקדףך יוגגגנננגגננוצזו

דדברדדבר תתהתחההחהת ניננוגינוגונוגינ

בפכרכרבכ מסמלסל סטפטסט חררגצבג התחרתחבד ששׂצסששׂצשטצ

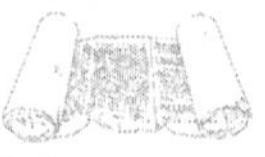

5. Lesen Sie die folgenden Eigennamen (denken Sie die Vokale mit!).

ירושלם אברהם נתן ישראל ירדן דויד אסתר אדם סמך
ונה מיכה ישעיהו ירמיהו יחזקאל שׂרה משׁה יוסף לוט
הבקוק צפניה חגי זכריה מלאכי יהוה יואל עמוס עבדיה
הושע דניאל נחום

▫ Manche Konsonanten können als bloße Vokalbuchstaben fungieren. Ein ו z. B. kann manchmal für ein „o" oder „u" stehen.

▫ Eigennamen haben immer eine Bedeutung. Oft beinhalten sie das Wort „Gott" (אל).

▫ Manchmal kommt auch der Eigenname Gottes יהוה vor. Diese vier Buchstaben werden aus Respekt NIE ausgesprochen. Wenn sie vorkommen, unabhängig von der jeweiligen Vokalisierung, werden sie entweder „adonai" (אֲדֹנָי „Herr") oder „haschem" (הַשֵּׁם „der Name") gelesen, nie als „Jehowah" oder „Jahweh". In einer schriftlichen Übersetzung kann man sie als JHWH wiedergeben.

Lektion 3
Die masoretische Punktation: Vokale und Akzente

Die so genannte masoretische Punktation hilft, die Konsonanten der hebräischen Schrift korrekt und eindeutig zu vokalisieren.

Zu sehen ist hier erneut der erste Vers des Buches Jona, nun mithilfe der masoretischen Punktation vokalisiert:

וַֽיְהִי֙ דְּבַר־יְהוָ֔ה אֶל־יוֹנָ֥ה בֶן־אֲמִתַּ֖י לֵאמֹֽר׃

Jona 1,1

Hauptregel

Nachdem Hebräisch als gesprochene Sprache ausgestorben war, entwickelten jüdische Gelehrte – die **Masoreten** – Vokalzeichen und Akzente, um die richtige Aussprache zu tradieren. Diese Festlegung fand erst im 8. Jh. n. Chr. auf Grundlage einer sehr alten Tradition statt. Das Vokalisationssystem, welches heute gelernt wird, ist das sog. **tiberiensische System**. Die Vokalzeichen bestimmen sowohl den Laut der Vokale (a, e, ä, i, o, u) als auch ihre Länge (lang, kurz, Murmelvokale).

Die folgende Übersicht zeigt die unterschiedlichen Vokalzeichen, ihre Bezeichnungen sowie ihre Aussprache:

Laut	kurz	lang	*mater lectionis*		*šᵉwa compositum*	
a	□ַ patach	□ָ qamez	□ָה qamez		□ֲ hatef patach	□ֳ hatef qamez
e		□ֵ sere	□ֵי sere	□ֵא sere		
æ	□ֶ segol				□ֱ hatef segol	
i	□ִ hireq	□ִ hireq	□ִי hireq magnum			
u	□ֻ qubbuz		וּ šureq			
o	□ָ qamez hatuf	□ֹ holem	וֹ holem			
□^{e}	□ְ šᵉwa					

Die einzelnen Vokale sind äußerst unstabil und **verändern sich** (z.B. wenn sich der Akzent bei Präfixen oder Suffixen verschiebt). Es ist demnach empfehlenswert, die Grundform eines Wortes zu kennen. Diesbezügliche sprachgeschichtliche Vorgänge sind umstritten, für unsere Zwecke jedoch nicht wichtig. Wichtig ist es dagegen, sich zu merken, dass die Vokale eine Veränderung erfahren haben.

Folgende Punkte sind im Zusammenhang mit den Vokalen wichtig:

▫ Es wird immer **zuerst der Konsonant und danach der Vokal gelesen**, außer im Falle des *patach furtivum* (ein *patach* in der letzten Silbe eines Wortes in Verbindung mit ה, ח oder ע). Dabei wird zuerst der *patach* und dann der Konsonant gelesen (z.B. רוּחַ wird „ruach" und nicht „rucha" gelesen).

▫ Eine Silbe darf nie mit einem Vokal beginnen.

▫ Die *mater lectionis* war eine Hilfe, die Länge eines Vokals aufzuzeigen. Als **Hilfskonsonanten** gelten ו für u und o, ה für a und e, י für i und e. In diesen Fällen spricht man von **homogenen Buchstaben**: Diese Konsonanten werden als **Vokalbuchstaben** verwendet und daher nicht gelesen. In allen anderen Fällen (inhomogene Buchstaben) stellen sie normale Konsonanten dar; z.B. ◌ָי wird „aj", ◌ַו „aw" oder „au" und ◌ִו „iw" oder „iu" ausgesprochen.

▫ Es wird zwischen zwei Arten von *š^e^wa* unterschieden: das ***š^e^wa* mobile**, welcher als Murmelvokal „e" ausgesprochen wird, und das ***š^e^wa* quiescens**, welcher nicht gelesen wird.

▫ In der Regel ist ein *š^e^wa* immer ein *quiescens*, außer es kommt

1. **am Beginn** eines Wortes;
2. **bei einem Konsonanten** mit *dagesch*;
3. **nach einem anderen *š^e^wa*** oder
4. **nach einer langen unbetonten Silbe** vor.

▫ Es gibt drei Möglichkeiten eine Silbe zu bilden:

(K = Konsonant, V = Vokal)

1. **K-V** (offene Silbe: in normalem Fall mit einem langen Vokal),

2. **K-V-K** (geschlossene Silbe) oder
3. **K-V-K-K** (doppelt geschlossene Silbe).

Das bedeutet: offene Silben enden stets mit einem Vokal, geschlossene Silben mit einem oder zwei Konsonant(en)).

▫ Das Zeichen ◌ָ ist in **unbetonten geschlossenen Silben** ein *qamez hatuf* und wird als kurzes „o“ gelesen: z.B. חָכְמָה (Weisheit), כָּל־ (Gesamtheit) und גָּלְיָת (Goliath). Als Faustregel gilt: Ein *qamez* (ohne Akzent) vor einem *šᵉwa* ist normalerweise ein *qamez hatuf.*

▫ Jedes Wort trägt einen **Akzent**. Alle Zeichen, die nicht als Vokale und *dagesch* erkannt werden, sind Akzente. Es gibt **trennende und verbindende Akzente**. Die wichtigsten trennenden Akzente sind: Der *silluq* steht bei der letzten betonten Silbe des Verses – vor dem *sof pasuq* – (:□□□). Der *atnach* halbiert den Vers (□□□). Der *zaqef qaton* (□□□) und der *rebia* (□□□) zeigen meistens das Versviertel an. Die wichtigsten verbindenden Akzente sind: der *munach* (□□□), der *mehuppak* (□□□) und der *mereka* (□□□). Sie lassen das betreffende Wort an das folgende anschließen und ergeben lautlich damit eine stärkere Einheit.

Aufgaben

1. Unterscheiden Sie zwischen Vokalen und Akzenten in Jona 1,1-3.

1 וַיְהִי דְּבַר־יְהוָה אֶל־יוֹנָה בֶן־אֲמִתַּי לֵאמֹר׃
2 קוּם לֵךְ אֶל־נִינְוֵה הָעִיר
הַגְּדוֹלָה וּקְרָא עָלֶיהָ כִּי־עָלְתָה רָעָתָם לְפָנָי׃
3 וַיָּקָם יוֹנָה לִבְרֹחַ תַּרְשִׁישָׁה מִלִּפְנֵי יְהוָה וַיֵּרֶד יָפוֹ
וַיִּמְצָא אָנִיָּה בָּאָה תַרְשִׁישׁ וַיִּתֵּן שְׂכָרָהּ וַיִּתֵּן שְׂכָרָהּ
לָבוֹא עִמָּהֶם תַּרְשִׁישָׁה מִלִּפְנֵי יְהוָה׃

V1 und V3 beginnen mit dem Konsonanten ו. Die Präfixpartikel וְ wird im Deutschen mit der Konjunktion „und“ (je nach Kontext auch mit „aber“, „oder“, „sondern“, „allerdings“ usw.) übersetzt. Sie ist das am häufigsten vorkommende Wort im AT. וְ wird in Aufzählungen vor jedes Glied gesetzt.
Vor בּ, מ, פּ und vor einem Konsonaten mit *schwa mobile* wird וְ zu וּ; vor יְ verbindet sich וְ zu וִי; vor א, ה, ח und ע erhält ו meistens einen *patach*: וַ.

2. Identifizieren Sie folgende Eigennamen aus dem Jonabuch.

עִבְרִי	אֲמִתַּי
יְהוָה	יָפוֹ
נִינְוֵה	יוֹנָה
תַּרְשִׁישׁ	שְׁאוֹל

3. Vokalbuchstabe (vb) oder Konsonant (k)?

שָׁאוּל	הָאָרֶץ	בָּרָא
שֵׁנִי	אָב	אֵת
עָשָׂה	יָדִי	הָיְתָה
נִינְוֵה	סוּסָה	אוֹר
	פְּנֵי	לֹא
	יְהִי	וְרוּחַ

4. *šewa mobile* (m) oder *šewa quiescens* (q)?

לְךָ	בְּהֵמָה	לְמִי
בִּמְעֵי	מִזַּעְפּוֹ	תַּרְשִׁישׁ
וַיִּלְבְּשׁוּ	שׂמֹאל	וַיִּירְאוּ
יַרְכְּתֵי	תְּהוֹם	וַיַּחְתְּרוּ
יִשְׁתּוּ	שְׁאוֹל	דְּבַר
לִהְיוֹת	וְגַלֶּיךָ	הַבְלֵי

Besonderheiten der hebräischen Sprache

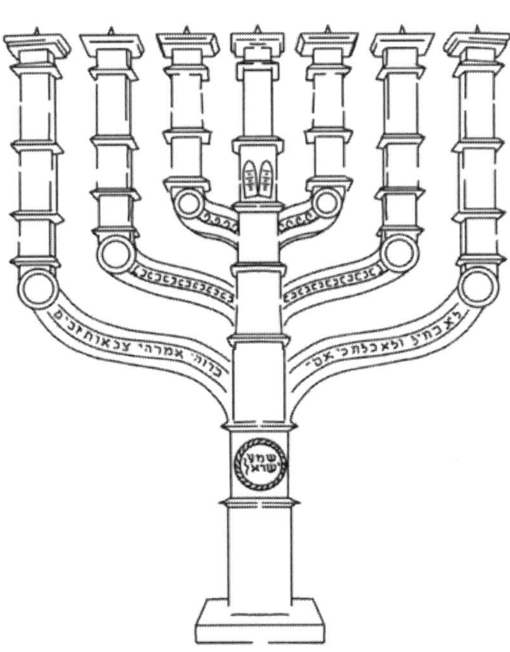

Lektion 4
Die ersten einsilbigen Präfixe

Die große Mehrheit der hebräischen Wörter besteht aus **drei Wurzelkonsonanten** (Trilitterismus). Die Hauptaufgabe in einer Übersetzungstätigkeit besteht darin, Präfixe und Suffixe zu erkennen, damit die drei Radikale bzw. Wurzelkonsonanten im Wörterbuch nachgeschaut werden können.

Die ersten wichtigen Präfixe sind

- die Konjunktion וְ,
- der Artikel ⊡הַ,
- die Präpositionen לְ, בְּ und כְּ ...

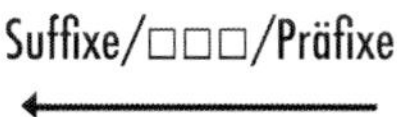

Die Hauptregel

Die Konjunktion וְ („und“, aber auch „oder“, „aber“, „sondern“, „jedoch“, „allerdings“ usw.) wird immer **unmittelbar vor das entsprechende Wort** gesetzt und kann zu einer Veränderung der Vokalisation führen. וְ wird in einer Aufzählung in der Regel vor **jedes Glied gesetzt**. Vor ב, ו, מ, פ und vor einem Konsonanten mit šᵉwa wird וְ zu וּ.

Der Artikel hat eine einzige Form für alle Geschlechter im Singular und im Plural: □□□הַ. Nach dem ה wird der **erste Wurzelkonsonant verdoppelt.** א, ה, ח, ע und ר können jedoch nicht verdoppelt werden. Daher kommt es zu folgenden Veränderungen:

- vor א, ר und (meist) ע tritt eine **Ersatzdehnung** auf: der Vokal des Artikels wird verlängert (□□□הָ);

- vor ה und ח tritt eine **virtuelle Verdoppelung** (*dageš* fällt ersatzlos weg) auf (□□□הַ).

Die Übersetzung von Präpositionen stellt immer vor besondere Herausforderungen, weil sie in den jeweiligen Sprachen so unterschiedliche Bedeutungen haben. Bei der Übersetzungsarbeit ist es wichtig, sich bei Präpositionen nicht zu früh festzulegen, sonst erschwert man sich das Verständnis häufig. Beispiel: Jon 2,8a: „Meine Seele verschmachtete über mir“.

Die Präposition לְ zeigt meistens **einen Besitz** an und übersetzt den **dritten Fall** (Dativ). Sie kann mit „für“, „zu“ oder „hinsichtlich“ wiedergegeben werden. Die Präposition לְ kann eine örtliche, zeitliche, modale, aber auch finale Bedeutung haben. Daher sollte sie zunächst mit **„in Bezug auf“** übersetzt werden, um ihr erst am Ende der Übersetzungstätigkeit eine bessere Bedeutung zuzuweisen. Vgl. 1,16b: Um das ל zu übersetzen, könnte man vorläufig „und sie schlachteten ein Schlachtopfer // in Bezug auf // JHWH“ wählen. Wenn man alle Teile des Satzes übersetzt hat, kann man dafür das passende „für“ auswählen.

Die Präposition בְּ kann eine **lokale oder zeitliche Bedeutung** aufweisen („in“), aber auch **modal oder instrumental** verwendet werden („in“, „mit“, „durch“). Schließlich kann man sie auch mit „als“ oder, in Zusammenhang mit einer Preis- bzw. Wertangabe, mit „für“ übersetzen (Vgl. Jon 2,10a).

Die Präposition כְּ wird im **Fall eines Vergleichs** verwendet und bedeutet „wie“, „gemäß“ oder „entsprechend“.

Die Präpositionen werden immer unmittelbar vor das entsperechende Wort oder den Artikel gesetzt. Dabei kann es zu Veränderungen in der Vokalisation kommen:

- Wenn das folgende Wort mit einem *šᵉwa* beginnt, werden die Präpositionen mit einem kurzen *hireq* vokalisiert: □□□לִ usw.

□ Vor einem Nomen mit Artikel übernimmt die Präposition die Vokale des Artikels, während das ה ausfällt: □□לָ, □□בַּ, □□□כַּ usw.

Aufgaben

1. Identifizieren Sie die bekannten Präfixe in den ersten vier Versen des Jonabuches.

1 וַיְהִי דְּבַר־יְהוָה אֶל־יוֹנָה בֶן־אֲמִתַּי לֵאמֹר׃
2 קוּם לֵךְ אֶל־נִינְוֵה הָעִיר הַגְּדוֹלָה וּקְרָא עָלֶיהָ
כִּי־עָלְתָה רָעָתָם לְפָנָי׃
3 וַיָּקָם יוֹנָה לִבְרֹחַ תַּרְשִׁישָׁה מִלִּפְנֵי יְהוָה
וַיֵּרֶד יָפוֹ וַיִּמְצָא אָנִיָּה בָּאָה תַרְשִׁישׁ
וַיִּתֵּן שְׂכָרָהּ וַיֵּרֶד בָּהּ לָבוֹא עִמָּהֶם תַּרְשִׁישָׁה מִלִּפְנֵי יְהוָה׃
4 וַיהוָה הֵטִיל רוּחַ־גְּדוֹלָה אֶל־הַיָּם
וַיְהִי סַעַר־גָּדוֹל בַּיָּם וְהָאֳנִיָּה חִשְּׁבָה לְהִשָּׁבֵר׃

2. Vervollständigen Sie die Vokalisation des Artikels bzw. der Präposition.

במְעֵי	בקוֹל	הקְרִיאָה
כדְבַר	האֲנָשִׁים	העִיר
בלְבַב	הגוֹרָל	וקְרָא
הגְדאלָה	ושְׁלשָׁה	לבְרֹחַ
כזְרֹחַ	השֶׁמֶשׁ	ולֹא
היָם	האָדָם	המֶלֶךְ
ונִינְוֵה	ורַחוּם	הרָעָה

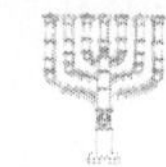

3. Verbinden und übersetzen Sie die Wörter (Bausteine von links nach rechts nutzen).

		לְ	+	עִיר
		בְּ	+	נֶפֶשׁ
		לְ	+	עוֹלָם
		Artikel	+	עִיר
		Artikel	+	אֱלֹהִים
לְ	+	Artikel	+	דָּם
בְּ	+	Artikel	+	עִיר
וְ	+	Artikel	+	בְּהֵמָה

4. Analysieren und übersetzen Sie.

וְיוֹנָה	הָעִיר
הַיָּם	לְרוּחַ
וְהָאֳנִיָּה	בַּיָּם
הַסְּפִינָה	הָרָעָה
הַחֹבֵל	וְהַגּוֹרָל
הַיַּבָּשָׁה	בְּנֶפֶשׁ

Lektion 5
Nomen und Nominalsätze

Im Hebräischen gibt es **männliche und weibliche** (*genus*) Formen (Substantive, Adjektive und Zahlwörter). Diese können im **Singular**, **Plural** und **Dual** (*numerus*) vorkommen. Die Nennform eines Nomens heißt *status absolutus.*

Die Hauptregel

Das maskuline Nomen ist im Singular nicht durch eine Endung erkennbar. Feminin-, Dual- und Pluralformen werden hingegen durch die Anfügung von Endungen (**Suffixe**) identifiziert.

	m		f	
s abs	מֶלֶךְ	□□□	מַלְכָּה	□□□ָה
pl abs	מְלָכִים	□□□ִים	מְלָכוֹת	□□□וֹת
d abs	שָׁמַיִם	□□□ַיִם		

- Die **Dualform** wird nur bei der Bezeichnung für paarweise vorkommende Dinge verwendet: z.B. zwei Hände (יָדַיִם), zwei Ohren (אָזְנַיִם) aber auch zwei Himmel (שָׁמַיִם).
- Es gibt auch feminine Nomina ohne die spezifischer Endung ָה (z.B. Bezeichnungen für Länder und Städte, Werkzeuge, Körperteile und Abstracta).
- Adjektive und Zahlwörter richten sich nach dem Substantiv, zu dem sie gehören: gleicher *numerus*, gleicher *genus*, mit oder ohne Artikel.

Nominalsätze sind Sätze ohne ein finites Verb. Sie beschreiben keine Handlungen sondern Verhältnisse, Eigenschaften und Zustände. Bei der Übersetzung muss man eine Form des Verbs „**sein**" hinzufügen. Verneinungen werden in Nominalsätzen durch אַיִן („es gibt nicht") ausgedrückt, in **Verbalsätzen** (Sätze mit finitem Verb) ist hingegen die Verneinung häufig **לֹא**.

מֶלֶךְ גָּדוֹל

מֶלֶךְ = n m s abs: ein König

גָּדוֹל = adj m s abs: groß

Ohne Artikel ergeben sich zwei mögliche Übersetzungen: „Ein König ist groß." (als Nominalsatz) oder „ein großer König" (als unbestimmte attributive Konstruktion).

הַמֶּלֶךְ הַגָּדוֹל

הַמֶּלֶךְ = art + n m s abs: der König

הַגָּדוֹל = art + adj m s abs: der große

Mit zwei bestimmten Artikeln erfolgt die Übersetzung durch: „Der große König" (als bestimmte attributive Konstruktion).

הַמֶּלֶךְ גָּדוֹל

הַמֶּלֶךְ = art + n m s abs: der König

גָּדוֹל = adj m s abs: groß

Mit einem einzigen bestimmten Artikel vor dem Substantiv ist dies eindeutig ein Nominalsatz und bedeutet: „Der König ist groß."

Aufgaben

1. Analysieren und übersetzen Sie.

הַמְּלָכִים גְּדוֹלִים

הַמְּלָכִים הַגְּדוֹלִים

הַמַּלְכָּה הַגְּדֹלָה

אֵין הַמַּלְכָּה גְּדוֹלָה וְטוֹבָה

מַלְכָּה גְּדוֹלָה וְטוֹבָה

מְלָכוֹת גְּדוֹלוֹת וְטוֹבוֹת

הַמֶּלֶךְ וּהַמַּלְכָּה עַל־הָאָרֶץ

עַל ist eine Präposition. Präpositionen befinden sich immer vor dem Wort, auf das sie sich beziehen. Die 13 wichtigsten Präpositionen sind folgende: ־לְ (für, zu, nach ... hin), ־בְּ (in, mittels, durch, bei), ־כְּ (wie), עַל (auf, gegen, über), עִם (mit), אֵת (mit), אֶל (zu, nach), עַד (bis), בֵּין (zwischen), תַּחַת (unter, anstatt), אַחֲרֵי (hinter), מִן (von, aus, seit, als [s. S. 69, Jon 3,5-10]), לִפְנֵי (vor).

הָעִיר הַגְּדֹאלָה

רוּחַ־גְּדוֹלָה

הַסַּעַר הַגָּדוֹל

יִרְאָה גְדוֹלָה

דָּם נָקִיא

דָּג גָּדוֹל

רָעָה גְדוֹלָה

אֵל־חַנּוּן

שִׂמְחָה גְדוֹלָה

2. Analysieren und übersetzen Sie.

עַל־הָרָעָה

הַשָּׁמַיִם

בְּנִינְוֵה

מִן־הָעִיר

לָעִיר

לַיְהוָה

בֶּאֱלֹהִים

בַּצֵּל

עַל־הַקִּיקָיוֹן

עַד־נֶפֶשׁ

נִינְוֵה הָעִיר הַגְּדֹאלָה

עִבְרִי אָנֹכִי

וְאֶת־יְהוָה אֱלֹהִים אֲנִי יָרֵא

Lektion 6
Der status constructus

Die hebräische Sprache bildet den zweiten Fall (Genitiv bzw. Besitzverhältnis) durch die Nebeneinanderstellung von zwei Nomina. Dabei kommt das Nomen für das, was sich im Besitz befindet (*nomen rectum*) im sogenannten *status constructus* vor und steht vor dem Nomen für den Besitzenden (*nomen regens*), auf Deutsch im Genitiv, das seinerseits im status absolutus vorkommt.

Diesen Zusammenhang nennt man „***constructus-Verbindung***“.

Die Hauptregel

Der *status constructus* des Nomens unterscheidet sich vom *status absolutus* durch eine **Veränderung der Vokalisierung** bzw. durch die **Hinzufügung von Suffixen**.

	m		f	
s abs	מֶלֶךְ	□□□	מַלְכָּה	□□□ָה
s cs	מֶלֶךְ	Verkürzung der Vokale (wenn möglich)	מַלְכַּת	□□□ַת
pl abs	מְלָכִים	□□□ִים	מְלָכוֹת	□□□וֹת
pl cs	מַלְכֵי	□□□ֵי	מַלְכוֹת	□□□וֹת
d abs	יָדַיִם	□□□ַיִם		
d cs	יְדֵי	□□□ֵי		

Eine „*constructus*-Verbindung" drückt meistens ein Besitzverhältnis aus. Dieses wird im Deutschen mit einem Genitiv wiedergegeben. Die „*constructus*-Verbindung" ist immer auch ohne Artikel determiniert:

- das Wort (eines) Gottes

Nomen regens		Nomen rectum	
אֱלֹהִים	n m pl abs	דָּבָר	n m s abs
אֱלֹהִים	n m pl abs	דְּבַר	n m s cs

- das Wort JHWHs

Nomen regens		Nomen rectum	
יְהוָה	EN	דָּבָר	n m s abs
יְהוָה	EN	דְּבַר	n m s cs

▫ der Gott des Himmels

Nomen regens		Nomen rectum	
הַשָּׁמַיִם	art + n m d abs	אֱלֹהִים	n m pl abs
הַשָּׁמַיִם	art + n m d abs	אֱלֹהֵי	n m pl cs

Ein Nomen im *status constructus* trägt nie einen Artikel.

In einer *constructus*-Verbindung steht zwischen dem *nomen regens* und dem *nomen rectum* kein weiteres Wort. Allerdings können von einem *nomen regens* mehrere *nomina recta* abhängig sein.

Adjektive treten immer an das Ende einer *constructus*-Verbindung und stimmen in *numerus* und *genus* mit dem Nomen überein, auf das sie sich beziehen. Wenn mehrere Adjektive verwendet werden, so wird immer nur ein Nomen der *constructus*-Verbindung näher bestimmt bzw. beschrieben.

Nomina **ändern ihre Vokalisierung** prinzipiell aus zwei Gründen:

1) wegen der Hinzufügung einer Endung und
2) wegen einer Akzent-Verschiebung.

Es gibt zwar Muster, nach denen sich die Vokale verändern, für unsere Zwecke reicht allerdings die Wahrnehmung, dass die Vokalisierung anders geworden ist. In der Regel ist es nicht kompliziert, die Grundform des entsprechenden Nomens zu erschließen.

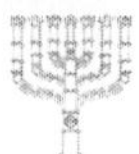

Aufgaben

1. Analysieren und übersetzen Sie.

Jona 1,1

בֶּן־אֲמִתָּי

Jona 1,1

דְּבַר־יְהוָה אֶל־יוֹנָה בֶן־אֲמִתַּי

Jona 1,6a

רַב הַחֹבֵל [a]

Jona 1,9c

וְאֶת־יְהוָה אֱלֹהֵי הַשָּׁמַיִם [c]

Die Partikel אֶת־ (bzw. אֵת) („*Akkusativzeichen*") zeigt den vierten Fall an (Akkusativ-Objekt) und wird nicht übersetzt.

Jona 1,14c

בְּנֶפֶשׁ הָאִישׁ הַזֶּה [c]

זֶה ist die maskuline Singularform des Demonstrativs (Pronomen oder Adjektiv). Die feminine Singularform ist זֹאת: diese (f s). אֵלֶּה ist die einzige Pluralform des Demonstrativs: diese (pl). Im Normalfall folgen sie dem Nomen und stimmen mit ihm in *genus* und *numerus* überein. Wenn ein Demonstrativ ohne Artikel vor einem Nomen mit Artikel steht, so handelt es sich häufig um einen Nominalsatz.

Jona 3,3b

כִּדְבַר יְהוָה [b]

Jona 2,1c

בִּמְעֵי הַדָּג [c]

Jona 2,10a

בְּקוֹל תּוֹדָה [a]

Eine *constructus*-Verbindung wird auch oft dort verwendet, wo im Deutschen eher eine Adjektivfügung oder ein zusammengesetztes Substantiv besser passt. Im letzteren Fall werden die Substantive in umgekehrter Reihenfolge übersetzt.

Jona 3,5a

[a] אַנְשֵׁי נִינְוֵה

Jona 3,6a

[a] מֶלֶךְ נִינְוֵה

Jona 3,7c

[c] בְּנִינְוֵה מִטַּעַם הַמֶּלֶךְ

2. Bestimmen Sie genus, numerus und status der folgenden Vokabeln.

אֱלֹהֵי	שַׂקִּים
מַהֲלַךְ	צֵל
קְרִיאָה	שָׁמַיִם
אֶרֶךְ	גְּדוֹלָה
אָדָם	רַבָּה
אֱלֹהִים	טוֹב

Lektion 7
Die spp und epp mit Präpositionen und Nomina

Neben **selbständigen Personalpronomina** (spp), die ausschließlich als **Subjekt** verwendet werden, kennt die hebräische Sprache auch unselbständige Personalpronomina. Diese kommen als Suffixe bei Nomina, Verben und Präpositionen vor, daher die Bezeichnung „**enklitische Personalpronomina** (epp)“.

Die Hauptregel

Die selbständigen Personalpronomina (**spp**) sind:

	Singular			Plural		
1 c	אָנֹכִי	אֲנִי	ich	אֲנַחְנוּ	נַחְנוּ	wir
2 m	אַתָּה		du	אַתֶּם		ihr
2 f	אַתְּ			אַתֵּנָה	אַתֵּן	
3 m	הוּא		er	הֵמָּה	הֵם	sie
3 f	הִיא		sie	הֵנָּה		sie

Die enklitischen Personalpronomina (**epp**) sind:

		Nomen im Singular		Nomen im Plural	
epp im Singular	1 c	□נִי □ִי	mein	□ָי	meine
	2 m	□ךָ	dein	□ֶיךָ	deine
	2 f	□ֵךְ		□ַיִךְ	
	3 m	□וֹ □ִיו □ֵהוּ	sein	□ָיו	seine
	3 f	□ָהּ □הָ	ihr	□ֶיהָ	ihre
epp im Plural	1 c	□ֵנוּ	unser	□ֵינוּ	unsere
	2 m	□ְכֶם	euer	□ֵיכֶם	eure
	2 f	□ְכֶן		□ֵיכֶן	
	3 m	□ָם □הֶם	ihr	□ֵיהֶם	ihre
	3 f	□ָן □הֶן		□ֵיהֶן	

▫ Mit Substantiven verbunden drücken die epp ein **Besitzverhältnis** aus (Possessiv-Suffixe). In Verbindung mit Präpositionen bezeichnen sie hingegen eine Objekt-Bestimmung.

▫ Die Suffixe werden an das Nomen im *status constructus* angehängt. Manchmal werden dabei auch Hilfsvokale verwendet. Die Vokalisierung des Nomens kann aufgrund des Suffixes und der damit verbundenen Abweichung der Betonung verändert werden.

▫ Die Suffixe determinieren das Nomen.

▫ Die *Verbindung zwischen Präpositionen und epp* folgt keinem festen Schema. Siehe die Tabellen auf S. 179-182.

Hinweis: Die oben angegebenen Übersetzungen für die Personalpronomina müssen bei der Übersetzung dem deutschen Satz angepasst werden (z. B. Genus des deutschen Wortes).

Aufgaben

1. Analysieren und übersetzen Sie.

Jona 1,6c

מַה־לְּךָ c

מָה ist eine Fragepartikel und bedeutet „was?“. Andere Fragepartikel sind: מִי (wer?); לָמָה (warum?); מָתַי (wann?); אַיֵּה bzw. אֵי (wo?) und אֵיךְ (wie?)

Jona 1,8d-g

מַה־מְּלַאכְתְּךָ d

מָה אַרְצֶךָ f

וְאֵי־מִזֶּה עַם אָתָּה׃ g

Jona 1,9b-c

עִבְרִי אָנֹכִי b

וְאֶת־יְהוָה אֱלֹהֵי הַשָּׁמַיִם אֲנִי יָרֵא c

Jona 1,10e

כִּי־מִלִּפְנֵי יְהוָה הוּא בֹרֵחַ e

בֹּרֵחַ Q ptz m s von ברח: fliehend

Jona 1,14e

כִּי־אַתָּה יְהוָה e

Jona 2,4c

כָּל־מִשְׁבָּרֶיךָ וְגַלֶּיךָ עָלַי c

כָּל (das כָ ist ein *qamez hatuf* und als solches wird es als „o“ gelesen) kann auch als כֹּל oder כּוֹל geschrieben werden. Es handelt sich dabei um ein Nomen, das eine „Gesamtheit“ identifiziert. Je nach Kontext kann es mit „jeder, jede, jedes“, „ganz“ oder „alle, alles“ übersetzt werden.

Jona 4,2h

כִּ֤י אַתָּה֙ אֵֽל־חַנּ֣וּן וְרַח֔וּם אֶ֤רֶךְ אַפַּ֙יִם֙ וְרַב־חֶ֔סֶד [h]

Jona 4,3a

אֶת־נַפְשִׁ֖י מִמֶּ֑נִּי [a]

Jona 4,5c

ל֔וֹ שָׁ֗ם [c]

2. Bestimmen und übersetzen Sie folgende Wörter.

אֱלֹהָיו	בְּכַפֵּיהֶם
רְעָתָם	אַדַּרְתּוֹ
עֲלֵכֶם	נַפְשִׁי
אֵלָיו	עֵינֶיךָ
לְפָנָי	וַאֲנִי
עָלֶיהָ	קוֹלִי
לָנוּ	אֲלֵיהֶם

Regelmäßige Verbformen

Lektion 8
Perfekt (Afformativ-Konjugation)

Im hebräischen Verbalsystem steht der **Aspekt** – d.h. vollendet oder unvollendet – einer Handlung im Vordergrund. Das Zeitsystem – also Gegenwart, Vergangenheit, Zukunft – ist weniger wichtig.

Wie die Nomina bestehen hebärische Verben in der Regel aus drei Konsonanten (Radikale und Wurzelkonsonanten), die mit Prä- und Suffixen ergänzt werden.

In der ersten Konjugation (**Perfekt** oder Afformativ-Konjugation) wird die Person (ich, du, ihr usw.) durch Elemente angezeigt, die der Wurzel am Ende angehängt werden. In der zweiten Konjugation (**Imperfekt** oder Präformativ-Konjugation) wird die Person vor allem durch Elemente identifiziert, die der Wurzel vorangestellt werden. Das Verb stimmt in der Regel mit dem Subjekt des Satzes in Person, Zahl (*numerus*) und Geschlecht (*genus*) überein.

Die hebräische Sprache kennt sieben **unterschiedliche Stämme** (Grundform aktiv und passiv, Intensivform aktiv und passiv, Intensivform reflexiv sowie Kausativform aktiv und passiv). Die einfachste Form ist die aktive Form des **Grundstamms**, auch **Qal** genannt. Die anderen Stämme sind davon abgeleitete Formen. Diese abgeleiteten Stämme werden in den Lektionen 13 bis 15 behandelt.

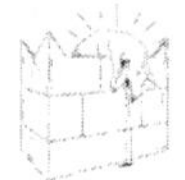

Die Hauptregel

Das **Perfekt Qal** ist die Zeitstufe für **vollendete/abgeschlossene Handlungen** und wird daher mit einem deutschen **Perfekt** oder Plusquamperfekt übersetzt.

Singular	3 m	כָּתַב	er hat geschrieben	□□□
	3 f	כָּתְבָה	sie hat geschrieben	□□□ָה
	2 m	כָּתַבְתָּ	du hast geschrieben	□□□תָּ
	2 f	כָּתַבְתְּ		□□□תְּ
	1 c	כָּתַבְתִּ־י	ich habe geschrieben	□□□תִּ־י

Plural	3 c	כָּתְבוּ	sie haben geschrieben	□□□וּ
	2 m	כְּתַבְתֶּם	ihr habt geschrieben	□□□תֶּם
	2 f	כְּתַבְתֶּן		□□□תֶּן
	1 c	כָּתַבְנוּ	wir haben geschrieben	□□□נוּ

▫ Die 3. Person Singular maskulin des Qal Perfekts ist die **Nennform**, die man im Wörterbuch nachschlägt, da dies die einfachste Form ohne Prä- und Suffixe ist. Die Konjugation beginnt daher immer mit der 3. Person Singular und endet mit der 1. Person Plural communis (m und f gleich).

▫ Charakteristisch für das Qal perf ist der *qamez* beim ersten Radikal; beim zweiten Radikal kommen *patach*, *sere* oder *holem* vor.

▫ Im Kontext erzählender Texte wird das Perfekt mit einem deutschen Perfekt oder Plusquamperfekt übersetzt.

▫ Durch das Voranstellen der Vorsilbe וְ (ו-*consecutivum*) – וּ vor ב, פ und מ; וַ vor א, ה, ח und ע – wird das Perfekt zu einer vorausschauenden Zeitstufe (*perfectum consecutivum* oder ו-*perf*). Dies ist ein **Folgetempus**. Es dient zum Ausdruck von Handlungen und Zuständen, die zum

Vorhergehenden als dessen zeitliche oder logische Folge in Beziehung gesetzt werden sollen. Im Allgemeinen wird durch das וְ-*perf* eine zukünftige Handlung ausgedrückt und im Deutschen dementsprechend mit einer Zukunftsform übersetzt.

 Aufgaben

1. Analysieren und übersetzen Sie.

Jona 1,5f

וְיוֹנָה יָרַד אֶל־יַרְכְּתֵי הַסְּפִינָה f

Bei einigen Verben erfolgt keine Verdopplung des ersten Radikals im Qal. Auf solche unregelmäßigen Verben wird zu einem späteren Zeitpunkt näher eingegangen. An dieser Stelle genügt es zu wissen, dass sich bei den in dieser Lektion auftauchenden unregelmäßigen Verben die Punktation im Qal gegenüber den „normalen" Verben nicht verändert.

Bei Verbalsätzen steht normalerweise das Verb (V) an der ersten Stelle, unmittelbar vor dem Subjekt (S) und eventuell vor dem Objekt (O) bzw. vor weiteren adverbialen Bestimmungen (V - S - O). Eine abweichende Reihen-folge (z.B. S - V - O oder O - V - S) dient dazu, das erste Element des Satzes hervorzuheben.

Jona 1,14e-f

כִּי־אַתָּה יְהוָה e

כַּאֲשֶׁר חָפַצְתָּ f

Jona 2,3b

קָרָאתִי מִצָּרָה לִי אֶל־יְהוָה b

Jona 2,3e

שָׁמַעְתָּ קוֹלִי׃ e

Jona 2,5a

וַאֲנִי אָמַרְתִּי a

Jona 2,7a-b

לְקִצְבֵי הָרִים יָרַדְתִּי a

הָאָרֶץ בְּרִחֶיהָ בַעֲדִי לְעוֹלָם b

Lektion 9
Das Partizip

Die Hauptregel

Ein Partizip ist der **Form nach ein Nomen** und kann unterschiedliche Satzfunktionen wahrnehmen: Es kann ein **Adjektiv** (attributiv) oder ein **Substantiv** in einem Satz sein. Es kann aber auch **eine verbale Funktion** haben. In diesem Fall wird es meistens mit einem Relativsatz wiedergegeben.

Das Partizip kann mit allen Endungen des Nomens (m, f, s, pl) – sowohl im *status absolutus* als auch im *status constructus* – gebildet werden.

Im Qal gibt es ein **aktives** und ein **passives Partizip**.

s m a	כֹּ[ו]תֵב	schreibend
s m p	כָּתוּב	geschrieben

▫ Der erste Radikal des Partizips in der aktiven Form ist ein unveränderliches „o". Der zweite Radikal wird hingegen mit einem *sere* vokalisiert: □□̣̇□.

▫ Das Partizip passiv hat ein *qamez* in der ersten Silbe und ein unveränderliches וּ in der zweiten: □ָ□וּ□.

▫ Die Zeitstufe des Partizips mit verbaler Funktion ist dieselbe wie die des Hauptverbs.

Aufgaben

1. Analysieren und übersetzen Sie.

Jona 1,11d-e

d כִּ֥י הַיָּ֖ם הוֹלֵ֥ךְ

e וְסֹעֵֽר׃

Jona 3c

c וְנִֽינְוֵ֗ה הָיְתָ֤ה עִיר־גְּדוֹלָה֙ לֵֽאלֹהִ֔ים מַהֲלַ֖ךְ שְׁלֹ֥שֶׁת יָמִֽים׃

הָיְתָה ist die Form des Qal perf 3 f s von הָיָה (ist gewesen).

2. Übersetzen und bestimmen Sie die Verben nach dem folgenden Schema: Q perf 3 m s von כתב (schreiben): er hat geschrieben

כָּתַב

זָכַרְתָּ

פָּקַדְתִּי

יָרַד

כָּרְתוּ

שְׁאַלְתֶּם

סֹעֵר

כָּרַתִּי

Lektion 10
Imperfekt (Präformativ-Konjugation)

Die Formen des **Imperfekts** sind in der hebräischen Bibel am häufigsten. Sie werden mit einer Präformativsilbe gebildet. Es gibt je nach Vokalisierung des zweiten Radikals ein o-Imperfekt (am häufigsten) und ein a-Imperfekt (bei intransitiven Verben oder bei Verben mit einem Gutturallaut als erstem Konsonanten). Aus den Formen des Imperfekts wird durch Zufügung eines וַ als Präfix **das hebräische Erzähltempus** (narrativ; *imperfektum consecutivum* oder ו-Imperfekt) gebildet.

Die Hauptregel

Das **Qal Imperfekt** ist die die Zeitstufe für **nicht-abgeschlossene Handlungen** und wird daher im Deutschen häufig mit einer **Zukunftsform** übersetzt.

Singular	3 m	יִכְתֹּב	er wird schreiben	יִ□□□
	3 f	תִּכְתֹּב	sie wird schreiben	תִּ□□□
	2 m	תִּכְתֹּב	du wirst schreiben	תִּ□□□
	2 f	תִּכְתְּבִי		תִּ□□□י
	1 c	אֶכְתֹּב	ich werde schreiben	אֶ□□□

Plural	3 m	יִכְתְּבוּ	sie werden schreiben	יִ□□□וּ
	3 f	תִּכְתֹּבְנָה		תִּ□□□נָה
	2 m	תִּכְתְּבוּ	ihr werdet schreiben	תִּ□□□וּ
	2 f	תִּכְתֹּבְנָה		תִּ□□□נָה
	1 c	נִכְתֹּב	wir werden schreiben	נִ□□□

▫ Die Konsonanten der Präformativsilben sind immer gleich; das □ִ der Präformativsilbe ist immer kurz.

▫ Das impf hat oft eine **modale Bedeutung** und wird daher mit Hilfe modaler Hilfsverben (können, wollen, sollen, dürfen, mögen, möchten) übersetzt.

▫ Durch Hinzufügung des Suffixes □ָה an die Formen der 1 c s und pl drückt man eine Selbstaufforderung bzw. einen Wunsch (**Kohortativ**) aus.

▫ Um einen Befehl bzw. einen Wunsch auszudrücken, kann man die 3 s oder pl des impf verwenden. Diese ist oft durch ein enklitisches נָא- verstärkt (**Jussiv**).

▫ In Erzähltexten verwendet die hebräische Sprache das sog. *imperfektum consecutivum* (ו-Impf). Dieses wird mittels der Vorsilbe וַ□ּ (ו mit *patach* und *dagesch* beim Präformativ) gebildet (וַיִּכְתֹּב). Dieses *tempus* wird mit einem deutschen Präteritum übersetzt.

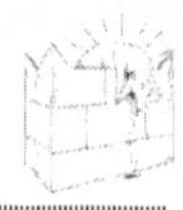

Aufgaben

1. Analysieren und übersetzen Sie.

Jona 1,6a-c

a וַיִּקְרַב אֵלָיו רַב הַחֹבֵל

b וַיֹּאמֶר לוֹ

וַיֹּאמֶר (Q w-impf 3 m s: und er sagte) ist die häufigste w-Impf-Form in der hebräischen Bibel. Sie führt meistens eine direkte Rede ein.

c מַה־לְּךָ

Jona 1,9

a וַיֹּאמֶר אֲלֵיהֶם

b עִבְרִי אָנֹכִי

c וְאֶת־יְהוָה אֱלֹהֵי הַשָּׁמַיִם אֲנִי יָרֵא

d אֲשֶׁר־עָשָׂה אֶת־הַיָּם וְאֶת־הַיַּבָּשָׁה׃

Die Relativpartikel אֲשֶׁר bleibt immer gleich und übersetzt alle deutschen Relativpronomen und -partikel. In einer ersten Übersetzung wird אֲשֶׁר mit „von welchem gilt" wiedergegeben und erst in einem zweiten Schritt mit einem deutschen Relativpronomen übersetzt. Die nähere Bedeutung von אֲשֶׁר wird meistens durch eine präpositionale Verbindung im gleichen Satz angezeigt. In späten Texten der hebräischen Bibel tritt an die Stelle des אֲשֶׁר das Präfix ־שֶׁ.

Bei עָשָׂה handelt es sich um ein unregelmäßiges Verb: Q Perf 3 m s: er hat gemacht.

Jona 1,14a-c

a וַיִּקְרְאוּ אֶל־יְהוָה

b וַיֹּאמְרוּ

c אָנָּה יְהוָה אַל־נָא נֹאבְדָה בְּנֶפֶשׁ הָאִישׁ הַזֶּה

Jona 1,16a-b

a וַיִּירְאוּ הָאֲנָשִׁים יִרְאָה גְדוֹלָה אֶת־יְהוָה

b וַיִּזְבְּחוּ־זֶבַח לַיהוָה

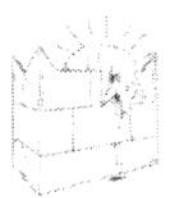

Jona 2,11a

וַיֹּאמֶר יְהוָה לַדָּג a

Jona 3,4

וַיִּקְרָא c

וַיֹּאמַר d

עוֹד אַרְבָּעִים יוֹם e

Jona 3,5a.c

וַיַּאֲמִינוּ אַנְשֵׁי נִינְוֵה בֵּאלֹהִים a

וַיִּלְבְּשׁוּ שַׂקִּים מִגְּדוֹלָם וְעַד־קְטַנָּם׃ c

Bei der Präposition מִן (von) wird das *nun* an den folgenden Konsonanten assimiliert und verschwindet, wie hier bei מִגְּדוֹלָם.

Im Unterschied zum Deutschen wird im Hebräischen eine Steigerung nicht durch eine eigene grammatikalische Form ausgedrückt. Vielmehr kann mit der Präposition מִן ein Komparativ angezeigt werden.

Jona 3,7b-c

וַיֹּאמֶר b

בְּנִינְוֵה מִטַּעַם הַמֶּלֶךְ וּגְדֹלָיו c

Jona 3,9e

וְלֹא נֹאבֵד׃ e

Jona 4,8g-h

וַיֹּאמֶר g

טוֹב מוֹתִי מֵחַיָּי׃ h

Jona 4,9a

וַיֹּאמֶר אֱלֹהִים אֶל־יוֹנָה a

Lektion 11
Imperativ und Infinitiv

Aus der Form des Imperfekts stammt der **Imperativ**. Er drückt eine Aufforderung aus und ist die einzige Form – neben Jussiv und Kohortativ – im Hebräischen, die eine Aussageabsicht kennzeichnet.

Die hebräische Sprache kennt außerdem in allen Stämmen **zwei Formen des Infinitivs**: Der *infinitivus absolutus*, der im Satz isoliert steht, und der *infinitivus constructus*.

Die Hauptregel

Der **Imperativ Qal** entspricht formal der 2. Person des Imperfekts ohne Präformativsilbe.

Singular	m	כְּתֹב	Schreib!	□□□
	f	כִּתְבִי	Schreib!	□□□י
Plural	m	כִּתְבוּ	Schreibt!	□□□ו
	f	כְּתֹבְנָה	Schreibt!	□□□נָה

- Der Imperativ kann mit der angehängten Endung ◌ָה verstärkt werden (**Adhortativ**).
- Der Imperativ kann nicht verneint werden. Stattdessen verwendet man אַל + Impf (**Vetitiv**).

Der ***infinitivus absolutus*** (◌ָ◌וֹ◌[ו]◌) wird vor allem bei der sog. ***figura etymologica*** verwendet und dient dazu, die Bedeutung einer unmittelbaren finiten Form derselben Wurzel hervorzuheben. Bei der Übersetzung wird er hier mit „gewiss" oder „sicherlich" wiedergegeben. Der *infinitivus absolutus* kann auch anstelle des Imperativs gebraucht werden.

Der ***infinitivus constructus*** (◌ְ◌ֹ◌[ו]◌) hat die gleiche Bedeutung wie der deutsche Infinitiv. Er kann Subjekt oder Objekt eines Satzes oder auch Teil einer *constructus*-Verbindung sein und er kann mit Artikel, Präpositionen und epp (Possessiv!) verbunden werden. Mit der Präposition לְ drückt er einen Finalsatz aus; mit den Präpositionen בְּ und כְּ zeigt er einen Temporalsatz an, wobei כְּ eine unmittelbare Vorzeitigkeit (als) betont.

Aufgaben

1. Analysieren und übersetzen Sie.

Jona 1

וַיְהִי֙ דְּבַר־יְהוָ֔ה אֶל־יוֹנָ֥ה בֶן־אֲמִתַּ֖י לֵאמֹֽר׃

וַיְהִי: Q w-impf 3 m s von היה: und es geschah

Mit dem *infinitivus constructus* לֵאמֹר (um zu sagen) führt man eine direkte Rede ein. Man kann לֵאמֹר auch mit „folgendermaßen" oder mit einem „:" wiedergeben.

Jona 1,3a-b

a וַיָּ֤קָם יוֹנָה֙

וַיָּקָם: Q w-impf 3 m s von קוּם: (er) stand auf.

b לִבְרֹ֣חַ תַּרְשִׁ֔ישָׁה מִלִּפְנֵ֖י יְהוָ֑ה

Der Suffix ◌ָה bei תַּרְשִׁישָׁה ist ein ה-locale und bringt die Bewegung zu einem Ort zum Ausdruck (=nach).

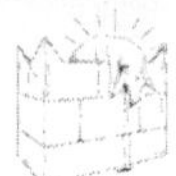

Jona 4,2b-e

b וַיֹּאמַר

c אָנָּה יְהוָה

d הֲלוֹא־זֶה דְבָרִי עַד־הֱיוֹתִי עַל־אַדְמָתִי

Das Präfix ־הֲ wird als Einleitung von Satzfragen gebraucht. Es steht beim ersten Wort des Satzes und richtet sich in der Vokalisation nach dem ersten Konsonanten des Wortes: הֲ vor allen Buchstaben außer den Gutturalen; הַ oder הֶ vor Gutturalen. Im Fall einer Alternativfrage steht הֲ an der ersten, אִם an der zweiten Stelle.

הֱיוֹתִי: Q inf cs von היה (sein, werden) + epp 1 c

e עַל־כֵּן קִדַּמְתִּי לִבְרֹחַ תַּרְשִׁישָׁה

קִדַּמְתִּי: Pi perf 1 c s von קדם: ich kam zuvor

Jona 4,8a

a וַיְהִי כִּזְרֹחַ הַשֶּׁמֶשׁ

Lektion 12
Die epp am Verb

Die epp können auch als **Suffixe einer Verbform** gebraucht werden. Dabei bezeichnen sie immer das Akkusativ-Objekt und bilden NIE eine Reflexivform. Die Suffixe können daher nur in den aktiven Stämmen – Qal, Pi'el und Hif'il – vorkommen. Außerdem werden epp der 2. Person nie bei Verben in der 2. Person gebraucht. Beim Infinitiv können die epp sowohl Subjekt als auch Objekt der Handlung sein.

Die Hauptregel

Die Formen der epp sind grundsätzlich an Nomen, Präpositionen, Partikeln und Verben immer dieselben. Nur das epp in der 1 c s ist נִי statt ◌ִי.

		epp		
Singular	1 c			□□□נִי
	2 m			□ָ□□ךָ
	2 f			□□□ךְ
	3 m	□□□ֵהוּ	□□□ִיו	□□□וֹ
	3 f	□□□הָ		□□□ָהּ

		epp
Plural	1 c	□□□נוּ
	2 m	□□□כֶם
	2 f	----
	3 m	□□□ם
	3 f	□□□ן

Wenn die Verbform mit einem Konsonanten endet und das epp mit einem Konsonanten beginnt, werden **Bindevokale** hinzugefügt: beim Perfekt meistens *patach* (□ַ) oder *qamez* (□ָ), beim Imperfekt und Imperativ meistens *sere* (□ֵ) oder *segol* (□ֶ). Manchmal kommt auch zwischen epp und Verb ein נ als Bindekonsonant vor (***nun-energicum***), ohne dass sich die Bedeutung der Form ändert. Ein ***nun-energicum*** wird normalerweise anhand eines *dagesch forte* erkennbar.

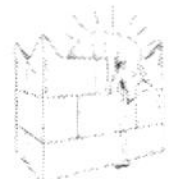

Aufgaben

1. Analysieren und übersetzen Sie.

Jona 1,12a-b

וַיֹּ֣אמֶר אֲלֵיהֶ֗ם a

שָׂא֙וּנִי֙ b

שָׂא֙וּנִי֙: Q impt m pl נשׂא + epp

Jona 1,15c

וַיַּעֲמֹ֥ד הַיָּ֖ם מִזַּעְפּֽוֹ׃ c

וַיַּעֲמֹ֥ד: Q w-impf 3 m s עמד

מִזַּעְפּֽוֹ: präp מִן + Q inf cs זעף + epp

Jona 2,6a

אֲפָפ֤וּנִי מַ֙יִם֙ עַד־נֶ֔פֶשׁ a

אֲפָפ֤וּנִי: Q perf 3 c pl אפף + epp

Jona 4,2

וַיִּתְפַּלֵּ֨ל אֶל־יְהוָ֜ה a

וַיִּתְפַּלֵּ֨ל: Hit w-impf 3 m s פלל: und er betete

וַיֹּאמַ֗ר b

אָנָּ֤ה יְהוָה֙ c

הֲלוֹא־זֶ֣ה דְבָרִ֗י עַד־הֱיוֹתִי֙ עַל־אַדְמָתִ֔י d

הֱיוֹתִי֙: Q inf cs הָיָה + epp

עַל־כֵּ֥ן קִדַּ֖מְתִּי e

קִדַּ֖מְתִּי: Pi perf 1 c s קדם: ich kam zuvor

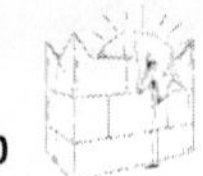

f לִבְרֹ֣חַ תַּרְשִׁ֑ישָׁה

g כִּ֣י יָדַ֗עְתִּי

יָדַ֗עְתִּי: Q perf 1 c s ידע: ich habe erkannt

h כִּ֤י אַתָּה֙ אֵֽל־חַנּ֣וּן וְרַח֔וּם
אֶ֤רֶךְ אַפַּ֙יִם֙ וְרַב־חֶ֔סֶד וְנִחָ֖ם עַל־הָרָעָֽה׃

וְנִחָם: kon + Ni ptz m s abs נחם: und ein sich gereuen Lassender

Lektion 13
Abgeleitete Stämme I: Die Form des Passivs (Nif'al)

Der Grundstamm (Qal) bildet **zwei finite Konjugationen** – Perfekt und Imperfekt. Aus dem Imperfekt bildet man außerdem die Imperativformen. Der Infinitiv und das Partizip sind hingegen **Nominalformen** des Verbs.

Diese Formen sind allen **sechs abgeleiteten Stämmen**, die durch regelmäßige formale Veränderungen des Grundstammes gebildet werden, gemeinsam. Die abgeleiteten Stämme bekommen ihren Namen aus der jeweiligen Form des perf 3 m s vom Verbs פעל.

- Der **Nif'al**-Stamm ist die Passiv- bzw. Reflexivform des Verbs im Qal.
- **Pi'el**, **Pu'al** und **Hit'pael** sind die Doppelungsstämme. Sie bringen eine intensive Bedeutung der Qal-Form zum Ausdruck. Pi'el ist die aktive, Pu'al die passive und Hit'pael die reflexive Form.
- **Hif'il** (aktive Form) und **Hof'al** (Passivform zum Hif'il) sind die Kausativstämme (H-Stämme).

Die sechs abgeleiteten Stämme sind durch Präformative, Veränderungen in der Vokalisation und Verdoppelung von Wurzelkonsonanten gekennzeichnet.

In der Analyse ist es hilfreich, zunächst zwischen perf, impf oder einer der weiteren Formen zu unterscheiden, um dann in einem weiteren Schritt den Stamm zu identifizieren.

Die Hauptregel

Durch das Voranstellen eines נִ an der Qal-Form eines Verbs bildet die hebräische Sprache eine **reflexive Form** (**Nif'al**), die auch benutzt wird, um das **Passiv zum Qal** auszudrücken. Die Bedeutung des Grundstammes wird allerdings manchmal so verändert, dass sie nicht mehr aus der einfachen Änderung der Bedeutung der Qal-Form erschließbar ist. Im Wörterbuch wird die Bedeutung eines Verbes im Nif'al nach der Abkürzung „ni" angeführt. Nif'al-Formen sind **relativ häufig**.

		Perfekt	Imperfekt
Singular	3 m	נִכְתַּב	יִכָּתֵב
	3 f	נִכְתְּבָה	תִּכָּתֵב
	2 m	נִכְתַּבְתָּ	תִּכָּתֵב
	2 f	נִכְתַּבְתְּ	תִּכָּתְבִי
	1 c	נִכְתַּבְתִּי	אֶכָּתֵב

		Perfekt		Imperfekt
Plural	3 c	נִכְתְּבוּ	3 m	יִכָּתֵבוּ
			3 f	תִּכָּתַבְנָה
	2m	נִכְתַּבְתֶּם		תִּכָּתֵבוּ
	2f	נִכְתַּבְתֶּן		תִּכָּתַבְנָה
	1 c	נִכְתַּבְנוּ		נִכָּתב

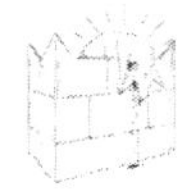

Infinitiv

cs	הִכָּתֵב
abs	הִכָּתֵב

Partizip

m	נִכְתָּב
f	נִכְתֶּבֶת

ו - Imperfekt

וַיִּכָּתֵב

Imperativ

Singular	m	הִכָּתֵב
	f	הִכָּתְבִי
Plural	m	הִכָּתְבוּ
	f	הִכָּתַבְנָה

- Im perf und ptz verbindet sich das Präfix נִ mit dem ersten Radikal zu einer geschlossenen Silbe (□□□נִ).
- Im impf wird das נ mit dem ersten Radikal assimiliert, der stets verdoppelt und mit einem *qamez* vokalisiert wird.
- Im impt und inf steht das Präfix הִ.

Aufgaben

1. Analysieren und übersetzen Sie.

Jona 1,4b-d

b וַיְהִי סַעַר־גָּדוֹל בַּיָּם

c וְהָאֳנִיָּה חִשְּׁבָה

חִשְּׁבָה: Pi 3 f s perf von חשׁב: (es) hatte gedroht

Jona 1,3a-b

d לְהִשָּׁבֵר׃

Jona 1,5f-h

f וְיוֹנָה יָרַד אֶל־יַרְכְּתֵי הַסְּפִינָה

Das qamez statt des patach bei יָרַד hängt mit der י als ersten Radikal des Verbs zusammen.

g וַיִּשְׁכַּב

Bei וַיִּשְׁכַּב steht beim zweiten Radikal des Verbs statt einem holem ein patach, da es sich hier um eine unregelmäßige Verbform handelt.

h וַיֵּרָדַם׃

Bei der Form וַיֵּרָדַם hat sich hier im Ni die Punktation geändert, da das Verb mit einem ר beginnt.

Jona 1,6a-c

a וַיִּקְרַב אֵלָיו רַב הַחֹבֵל

b וַיֹּאמֶר לוֹ

c מַה־לְּךָ נִרְדָּם

Jona 2,5a-b

a וַאֲנִי אָמַרְתִּי

b נִגְרַשְׁתִּי מִנֶּגֶד עֵינֶיךָ

Jona 3,4c-e

c וַיִּקְרָא

d וַיֹּאמַר

e עוֹד אַרְבָּעִים יוֹם וְנִינְוֵה נֶהְפָּכֶת׃

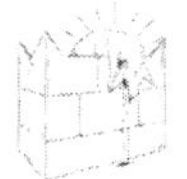

Jona 3,10c

c וַיִּנָּ֣חֶם הָאֱלֹהִ֔ים עַל־הָרָעָ֛ה

Jona 4,2g-h

g כִּ֣י יָדַ֔עְתִּי

h כִּ֤י אַתָּה֙ אֵֽל־חַנּ֣וּן וְרַח֔וּם

אֶ֤רֶךְ אַפַּ֙יִם֙ וְרַב־חֶ֔סֶד וְנִחָ֖ם עַל־הָרָעָֽה׃

Lektion 14
Abgeleitete Stämme II: Die Intensiv-Stämme (Pi'el, Pu'al, Hitpa'el)

Die drei abgeleiteten Stämme Pi'el, Pu'al und Hitpa'el werden auch „**Doppelungsstämme**" genannt, da bei ihnen in allen Formen der mittlere Radikal verdoppelt wird. **Das Pi'el ist die aktive, das Pu'al die passive und das Hitpa'el die reflexive Form**. Die Bedeutung ist gegenüber dem Grundstamm faktitiv, resultativ und **intensiv**.

Auch in diesem Fall wird im Wörterbuch die Bedeutung des Verbs nach den Abkürzungen „pi", „pu" oder „hit" angeführt. **Pi'el ist die zweithäufigste Stammform** im AT, Pu'al und Hitpa'el sind hingegen relativ selten.

Merkmal des Pi'el ist die **Verdoppelung des zweiten Radikals**.

		Perfekt	Imperfekt
Singular	3 m	כִּתֵּב	יְכַתֵּב
	3 f	כִּתְּבָה	תְּכַתֵּב
	2 m	כִּתַּבְתָּ	תְּכַתֵּב
	2 f	כִּתַּבְתְּ	תְּכַתְּבִי
	1 c	כִּתַּבְתִּי	אֲכַתֵּב

		Perfekt		Imperfekt
Plural	3 c	כִּתְּבוּ	3 m	יְכַתֵּבוּ
			3 f	תְּכַתֵּבְנָה
	2m	כִּתַּבְתֶּם		תְּכַתֵּבוּ
	2f	כִּתַּבְתֶּן		תְּכַתֵּבְנָה
	1 c	כִּתַּבְנוּ		נְכַתֵּב

Infinitiv

cs	כַּתֵּב
abs	כַּתֵּב

Partizip

m	מְכַתֵּב
f	מְכַתֶּבֶת

ו - Imperfekt

וַיְכַתֵּב

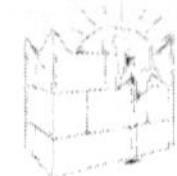

Imperativ

Singular	m	כַּתֵּב
	f	כַּתֵּבִי
Plural	m	כַּתֵּבוּ
	f	כַּתֵּבְנָה

- Das Pi perf hat in der ersten Silbe ein ◌ִ im impt und inf kommt ein ◌ַ vor. Im impf und beim ptz wird die Vorsilbe mit ◌ְ vokalisiert.
- Das ptz der Doppelungsstämme hat ein מְ als Präformativ.
- Die Pu'al-Form hat beim ersten Radikal immer ein ◌ֻ und ist daher sehr leicht erkennbar.
- Das Hitpa'el hat im perf und inf das Präfix הִתְ. Im impf und beim ptz wird das ה an den Präformativsilben assimiliert. Nur das תְ bleibt erhalten.

Aufgaben

1. Analysieren und übersetzen Sie.

Jona 1,4b-d

וַיְהִי סַעַר־גָּדוֹל בַּיָּם b

וְהָאֳנִיָּה חִשְּׁבָה c

לְהִשָּׁבֵר׃ d

Jona 1,6f-g

אוּלַי יִתְעַשֵּׁת הָאֱלֹהִים לָנוּ f

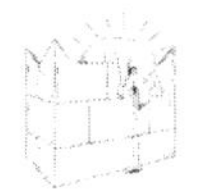

g וְלֹא נֹאבֵד׃

Jona 2,2

וַיִּתְפַּלֵּל יוֹנָה אֶל־יְהוָה אֱלֹהָיו מִמְּעֵי הַדָּגָה׃

Jona 2,3d-e

d מִבֶּטֶן שְׁאוֹל שִׁוַּעְתִּי

e שָׁמַעְתָּ קוֹלִי׃

Jona 2,8a-b

a בְּהִתְעַטֵּף עָלַי נַפְשִׁי

b אֶת־יְהוָה זָכָרְתִּי

Statt einem *patach*, wie es bei der Qal-Form eines starken Verbs der Fall ist, befindet sich bei זָכָרְתִּי ein *qamez* unter dem zweiten Radikal. Dies hängt mit der dritten Radikal (ר) von זכר zusammen.

Jona 2,9

מְשַׁמְּרִים הַבְלֵי־שָׁוְא חַסְדָּם יַעֲזֹבוּ׃

Jona 2,10a-d

a וַאֲנִי בְּקוֹל תּוֹדָה אֶזְבְּחָה־לָּךְ

b אֲשֶׁר נָדַרְתִּי

c אֲשַׁלֵּמָה

d יְשׁוּעָתָה לַיהוָה

Jona 3,10c-f

c וַיִּנָּחֶם הָאֱלֹהִים עַל־הָרָעָה

d אֲשֶׁר־דִּבֶּר

לַעֲשׂוֹת־לָהֶם e

עֲשׂוֹת ist die Form des Q inf cs vom Verb עשׂה (machen/tun).

וְלֹא עָשָׂה׃ f

Jona 4,2e-f

עַל־כֵּן קִדַּמְתִּי e

לִבְרֹחַ תַּרְשִׁישָׁה f

Das *patach furtivum* bei לִבְרֹחַ hängt mit der Gutturalen ח zusammen.

Der Suffix ָה bei תַּרְשִׁישָׁה ist ein ה-*locale* und bringt die Bewegung zu einem Ort zum Ausdruck (nach).

Jona 4,8d

וַיִּתְעַלָּף d

Jona 4,10d

וְלֹא גִדַּלְתּוֹ d

לֹא ist die gewöhnliche Negation bei Verbalsätzen vor Nomina, perf und impf.

Lektion 15
Abgeleitete Stämme III: Die Kausativ-Stämme (Hif'il, Hof'al)

Hif'il und Hof'al sind der **aktive und der passive Kausativ-Stamm**. Das Hif'il ist der **verbreitetste der abgeleiteten Stämme**. Das Hof'al hingegen wird in der hebräischen Bibel am wenigsten verwendet.

Die Hauptregel

Das perf wird durch das Präformativ הִ gekennzeichnet, das mit dem ersten Radikal eine geschlossene Silbe (הִ□ְ□ִי□) bildet. Die übrigen Verbformen werden mit dem Präfix הַ gebildet, das beim impf und ptz allerdings verschwindet.

		Perfekt	Imperfekt
Singular	3 m	הִכְתִּיב	יַכְתִּיב
	3 f	הִכְתִּיבָה	תַּכְתִּיב
	2 m	הִכְתַּבְתָּ	תַּכְתִּיב
	2 f	הִכְתַּבְתְּ	תַּכְתִּיבִי
	1 c	הִכְתַּבְתִּי	אַכְתִּיב

		Perfekt		Imperfekt
Plural	3 c	הִכְתִּיבוּ	3 m	יַכְתִּיבוּ
			3 f	תַּכְתֵּבְנָה
	2m	הִכְתַּבְתֶּם		תַּכְתִּיבוּ
	2f	הִכְתַּבְתֶּן		תַּכְתֵּבְנָה
	1 c	הִכְתַּבְנוּ		נַכְתִּיב

Partizip

akt	מַכְתִּיב

Infinitiv

cs	הַכְתִּיב
abs	הַכְתֵּב

ו - Imperfekt

וַיַּכְתֵּב

Imperativ

Singular	m	הַכְתֵּב
	f	הַכְתִּיבִי
Plural	m	הַכְתִּיבוּ
	f	הַכְתֵּבְנָה

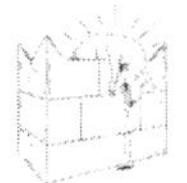

- Der Vokal des zweiten Radikals ist im perf und im impf (außer 2 f und 3 f pl) stets ein ִי□.
- Alle Formen des Hof'al haben ein *qamez hatuf* in der ersten Silbe.

Zur Bestimmung vom Stamm und Tempus der regelmäßigen Verben sind die folgenden **Eckformen** zu beachten:

	Grund-stamm	Passiv/ Reflexiv	Intensiv-/ Doppelungsstämme			Kausativstämme	
	Qal	Nif'al	Pi'el	Pu'al	Hitpa'el	Hif'il	Hof'al
perf	□ָ□ַ□ו	נִ□ְ□ַ□ו	□ִ□ֵּ□ו	□ֻ□ַּ□ו	הִתְ□ַ□ֵּ□ו	הִ□ְ□ִי□ו	הָ□ְ□ַ□ו
impf	פְ□ְ□ֹ□	פִ□ָּ□ֵ□	פְ□ַ□ֵּ□	פְ□ֻ□ַּ□	פִתְ□ַ□ֵּ□	פַ□ְ□ִי□	פָ□ְ□ַ□
impt	□ְ□ֹ□	הִ□ָּ□ֵ□	□ַ□ֵּ□		הִתְ□ַ□ֵּ□	הַ□ְ□ִי□	
inf	□ְ□ֹ□ □ָ□וֹ□	הִ□ָּ□ֵ□	□ַ□ֵּ□		הִתְ□ַ□ֵּ□	הַ□ְ□ֵ□ הַ□ְ□ִי□	הָ□ְ□ַ□
ptz	□ֹ□ֵ□ □ָ□וּ□	נִ□ְ□ָ□	מְ□ַ□ֵּ□	מְ□ֻ□ָּ□	מִתְ□ַ□ֵּ□	מַ□ְ□ִי□	מָ□ְ□ָ□

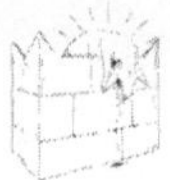

Aufgaben

1. Analysieren und übersetzen Sie.

Jona 1,7c-g

c וְנַפִּ֣ילָה גֽוֹרָל֔וֹת

d וְנֵ֣דְעָ֔ה

Q kohortativ pl von ידע

e בְּשֶׁלְּמִ֛י הָרָעָ֥ה הַזֹּ֖את לָ֑נוּ

f וַיַּפִּ֙לוּ֙ גּֽוֹרָל֔וֹת

g וַיִּפֹּ֥ל הַגּוֹרָ֖ל עַל־יוֹנָֽה׃

Jona 2,4a

a וַתַּשְׁלִיכֵ֤נִי מְצוּלָה֙ בִּלְבַ֣ב יַמִּ֔ים

Jona 3,5a-c

a וַיַּאֲמִ֛ינוּ אַנְשֵׁ֥י נִֽינְוֵ֖ה בֵּאלֹהִ֑ים

b וַיִּקְרְאוּ־צוֹם֙

c וַיִּלְבְּשׁ֣וּ שַׂקִּ֔ים מִגְּדוֹלָ֖ם וְעַד־קְטַנָּֽם׃

Jona 4,4a-b

a וַיֹּ֣אמֶר יְהוָ֔ה

b הַהֵיטֵ֖ב חָ֥רָה לָֽךְ׃

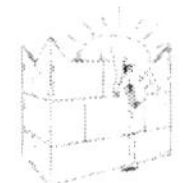

2. Bestimmen und übersetzen Sie die folgenden Verbformen von כתב (schreiben).

נִכְתַּב

תְּכַתֵּבְנָה

כִּתַּבְתִּי

כְּתֹב

תַּכְתִּיב

אֶכְתֹּב

יִכְתֹּב

מְכַתֵּב

נִכְתָּב

תִּכָּתֵבוּ

יִכְתְּבֵנִי

הִכְתַּיבְתָּ

תִּכְתֹּבְנָה

כְּתַבְתִּיהוּ

כָּתַבְתָּ

הִכָּתֵב

כַּתֵּב

הַכְתֵּב

כְּתַבְתֶּם

Hauptformen des starken Verbs

Lektion 16
Verben mit einem נ als erstem Radikal

Ein נ am Ende einer Silbe wird am folgenden Konsonanten assimiliert. Das נ verschwindet, während der **folgende Konsonant verdoppelt** wird. Diese Verben werden auch „Verben פ"נ" genannt.

In den ersten hebräischen Grammatiken verwendete man als Beispielverb פעל. Um besondere Klassen von Verben zu identifizieren, bezog man sich auf die Wurzelradikale dieses Verbs. So bedeutet z.B. „פ"א", dass statt dem פ (erster Radikal) ein א vorkommt. „ל"ה" bezeichnet ein Verb, das ein ה als dritten Radikal (ל beim פעל) hat. Solche Angaben lassen sich z.B. in Wörterbüchern, Kommentaren oder Grammatiken finden.

Die Hauptregel

Verben, die als ersten Wurzelkonsonanten ein נ haben, bilden **schwache Formen**, wenn die Wurzel mit dem Präfix eine geschlossene Silbe bildet (Qal impf; Ni perf und ptz; Hi und Ho). Der zweite Wurzelkonsonant wird mit einem *dagesch forte* verdoppelt. Die Infinitivform wird mit dem Suffix ת gebildet.

Am Beispiel von נפל (fallen) sehen die schwachen Formen folgendermaßen aus:

Qal perf	נָפַל	Hi perf	הִפִּיל
Qal impf	יִפֹּל	Hi impf	יַפִּיל
Ni perf	נִפַּל	Ho perf	הֻפַּל
Ni ptz	נִפָּל	Ho impf	יֻפַּל

Das **Verb** נתן (**geben**) bildet auch im Qal perf schwache Formen: Der dritte Radikal (ן) wird dem Afformativ ת assimiliert. Im Qal inf wird ebenfalls das ן dem ת des Suffixes assimiliert, so dass die Form תֵּת entsteht.

Das **Verb** לקח **Qal** (**nehmen**) bildet schwache Formen so, als ob es ein Verb פ"נ wäre (impf: יִקַּח; inf cs: קַחַת).

Auch das Verb היה (sein/werden) bildet schwache Formen.

Die Eckformen lauten:

Qal perf	הָיָה
Qal impf	יְהִי oder יִהְיֶה
Qal w-impf	וַיְהִי
Qal impt	הֱיֵה
Qal inf cs	הֱיוֹת
Qal ptz	הוֹיָה

Aufgaben

1. Analysieren und übersetzen Sie.

Jona 1,1

וַיְהִי֙ דְּבַר־יְהוָ֔ה אֶל־יוֹנָ֥ה בֶן־אֲמִתַּ֖י

Jona 1,3e

e וַיִּתֵּ֤ן שְׂכָרָ֙הּ

Jona 1,4b

b וַיְהִ֥י סַֽעַר־גָּד֖וֹל בַּיָּ֑ם

Jona 1,7c.f-g

c וְנַפִּ֣ילָה גֽוֹרָל֔וֹת

f וַיַּפִּ֙לוּ֙ גּֽוֹרָל֔וֹת

g וַיִּפֹּ֥ל הַגּוֹרָ֖ל עַל־יוֹנָֽה׃

Jona 1,16b-c

b וַיִּֽזְבְּחוּ־זֶ֙בַח֙ לַֽיהוָ֔ה

c וַֽיִּדְּר֖וּ נְדָרִֽים׃

Jona 2,1c

c וַיְהִ֤י יוֹנָה֙ בִּמְעֵ֣י הַדָּ֔ג שְׁלֹשָׁ֥ה יָמִ֖ים וּשְׁלֹשָׁ֥ה לֵילֽוֹת׃

Jona 4,2d

b הֲלוֹא־זֶ֣ה דְבָרִ֗י עַד־הֱיוֹתִי֙ עַל־אַדְמָתִ֔י

Jona 4,3a

a וְעַתָּ֣ה יְהוָ֔ה קַח־נָ֥א אֶת־נַפְשִׁ֖י מִמֶּ֑נִּי

Lektion 17
Verben mit einem Guttural oder ר am Anfang, in der zweiten Position oder am Ende

Gutturale (א, ה, ח, ע) und ר können **nicht verdoppelt werden** und ziehen im Normalfall einen **a-Laut** vor oder nach sich. Darüber hinaus haben sie meistens statt einem einfachen *šᵉwa* ein ***šᵉwa compositum***. Aufgrund dieser Besonderheiten ergeben sich in den unterschiedlichen Stämmen und Konjugationen der Verben einige Veränderungen.

Die Hauptregel

Für Verben, die einen Guttural oder ר als **ersten Radikal** haben (פ"א), gilt:

- Im impf, impt und Nif'al inf tritt an die Stelle der Verdoppelung des ersten Radikals immer eine Ersatzdehnung: Statt mit ◌ִ wird die Präformativsilbe mit ◌ֵ vokalisiert.
- Im Qal impf, im Nif'al perf und ptz sowie im ganzen Hif'il wird die geschlossene Präformativsilbe mit ◌ַ (Qal) oder mit ◌ֶ (Ni und Hi) vokalisiert.
- Wenn beim ersten Radikal ein *šᵉwa* vorkommt, wird dieses zu ◌ֲ.

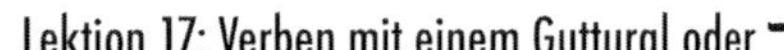

Für Verben, die einen Guttural oder ר als **mittleren Radikal** haben, gilt:

- In den Intensivstämmen tritt in der ersten Silbe statt der Verdoppelung des zweiten Wurzelkonsonanten entweder eine Ersatzdehnung (bei ר immer, bei א und ע meist: ◌ִ wird ◌ֵ, ◌ַ wird ◌ָ, ◌ֻ wird וֹ) oder eine virtuelle Verdoppelung (bei ה und ח immer und bei א und ע selten) auf.
- Der Vokal des Gutturals ist immer ◌ַ, beim inf ◌ֹ.

Für Verben, die ה, ח oder ע als **dritten Radikal** haben (ל"ה), gilt:

- Wenn der dritte Radikal mit einem ◌ְ vokalisiert ist (z.B. 2 s und pl), steht meist ein ◌ֲ.
- Die zweite Silbe des Qal impf wird mit einem ◌ַ vokalisiert.
- Wenn die Verbform mit einem Guttural abschließt (z.B. 3 m s), muss die zweite Silbe mit einem a-Laut vokalisiert werden. Im Fall eines ◌וּ, ◌וֹ, ◌ִי oder ◌ֵ wird ein *patach futivum* eingeschoben.
- Endungslose Formen des impf können den letzten Radikal verlieren und bilden somit Kurzformen (וַיַּרְא).
- Formen mit Suffixen bzw. Afformativen verlieren den Schlussradikal.

Aufgaben

1. Analysieren und übersetzen Sie.

Jona 1,4c-d

c וְהָאֳנִיָּה חִשְּׁבָה

d לְהִשָּׁבֵר׃

Jona 1,6a-c

a וַיִּקְרַב אֵלָיו רַב הַחֹבֵל

b וַיֹּאמֶר לוֹ

c מַה־לְּךָ נִרְדָּם

Jona 2,9-10a

9 מְשַׁמְּרִ֖ים הַבְלֵי־שָׁ֑וְא חַסְדָּ֖ם יַעֲזֹֽבוּ׃

10a וַאֲנִ֗י בְּק֤וֹל תּוֹדָה֙ אֶזְבְּחָה־לָּ֔ךְ

Jona 4,6e

e וַיִּשְׂמַ֥ח יוֹנָ֛ה עַל־הַקִּיקָי֖וֹן שִׂמְחָ֥ה גְדוֹלָֽה׃

Lektion 18
Verben mit einem י oder einem ו als erstem Radikal

Ein ו am Beginn eines Verbes wird zu י. Das ursprüngliche ו ist nur in den Formen erhalten geblieben, die den ersten Konsonanten verdoppeln. Verben mit einem י oder einem ו als erstem Radikal bilden daher ähnliche **schwache Formen**. Sie werden „Verben פ"י" genannt. Das relativ häufige Verb הלך (gehen) wird wie ein Verb פ"י abgewandelt.

Die Hauptregel

Schwache Formen von פ"י sind nur im Qal impf und im gesamten Hif'il belegt.

Im **Qal impf** wird der Vokal des Präformativs zu ◌ִי. Der Vokal des zweiten Radikals ist immer ein ◌ַ: יטב (gut sein) > יִיטַב.

Im **Hi impf** wird der Vokal des Präformativs (◌ַ) zu ◌ֵי: יטב (gut sein) > יֵיטִיב. Der Vokal des Präfixes im perf ist ebenfalls ◌ֵי.

Im **gesamten Ni** ist das erste Radikal ein ו (וֹ im perf und וּ im impf).

Bei den Verben ישב (wohnen, setzen), ירד (hinabsteigen), ילד (gebären), ידע (erkennen, wissen), יצא (hinausgehen) und הלך (gehen) verlieren die Formen des Qal impf das י und die Präformativsilbe wird mit ◌ֵ vokalisiert. Die Form des Qal inf cs verliert ebenfalls das י, sie wird er-

weitert mit der Endung ת und ist mit zwei ◌ֶ vokalisiert (שֶׁבֶת).

Bei allen anderen Verben bleibt das י im Qal impf erhalten (יִיעַף). Im Ni impf, impt und inf kommt hingegen anstelle des י ein ו (יִוָּשֵׁב). Im Ni perf und ptz und im Hi kommt als Vokal der ersten Silbe ein וֹ vor (נוֹשַׁב). Im gesamten Ho ist der erste Vokal ein וּ. Die Infinitivform wird mit einem ת erweitert (לֶכֶת).

Das Verb ירא (**fürchten**) weist darüber hinaus weitere Besonderheiten gegenüber Verben der Klasse פ"י auf:

Qal perf	יָרֵא
Qal impf	יִירָא / יִירְאוּ (pl)
Qal w-impf	וַיִּירָא
Qal impt	יְרָא / יִרְאוּ (pl)
Qal inf cs	יְרֹא
Qal ptz	יָרֵא

 Aufgaben

1. Analysieren und übersetzen Sie.

Jona 1,5f

f וְיוֹנָה יָרַד אֶל־יַרְכְּתֵי הַסְּפִינָה

Jona 1,12e-f

e כִּי יוֹדֵעַ אָנִי

f כִּי בְשֶׁלִּי הַסַּעַר הַגָּדוֹל הַזֶּה עֲלֵיכֶם׃

Jona 1,16a

a וַיִּירְאוּ הָאֲנָשִׁים יִרְאָה גְדוֹלָה אֶת־יְהוָה

Jona 2,7a

a לְקִצְבֵי הָרִים יָרַדְתִּי

Jona 3,2b

b לֵךְ אֶל־נִינְוֵה הָעִיר הַגְּדוֹלָה

Jona 3,3b

b וַיֵּלֶךְ אֶל־נִינְוֵה כִּדְבַר יְהוָה

Jona 3,6e

e וַיֵּשֶׁב עַל־הָאֵפֶר׃

Jona 4,5a-b

a וַיֵּצֵא יוֹנָה מִן־הָעִיר

b וַיֵּשֶׁב מִקֶּדֶם לָעִיר

Jona 4,9b

b הַהֵיטֵב חָרָה־לְךָ עַל־הַקִּיקָיוֹן

Lektion 19
Zusammenfassung: Das Aufsuchen der Wurzeln

Um ein Wort im Wörterbuch zu finden, ist es notwendig, die jeweilige **Wurzel zu erkennen.**

Beim Nomen muss man alle Elemente, die als Präfixe oder Suffixe hinzugekommen sind, weglassen:

- die Konjugation וְ;
- den Artikel הַ;
- die Präpositionen לְ, בְּ, כְּ oder מִ;
- die Fragepartikel הֲ;
- die Relativpartikel שֶׁ;
- die Pluralendung;
- die epp.

Bei der **femininen Pluralbildung** muss man meistens die Endung וֹת durch ה ersetzen.

Beim **starken Verb** müssen die Präformative und die Endungen weggelassen werden:

- im impf י, ת, א, נ;
- im Ni נ und ה;
- im Hi und Ho ה;
- im Hit הת;
- beim ptz Pi, Pu, Hit, Hi, Ho מְ.

Bei einem **schwachen Verb** kann es sein, dass nach diesem Prozess lediglich zwei Wurzelkonsonanten übrig bleiben:

- Am Anfang kann ein נ (ל bei לקח) oder ein י (ה bei הלך) weggefallen sein.
- In der Mitte des Wortes kann ein ו oder ein י fehlen.
- Am Ende des Wortes kann ein ה oder ein א weggefallen sein.

Um die Suche nach der Wurzel zu erleichtern, können folgende Hinweise recht hilfreich sein:

- Falls im ersten erhaltenen Radikal nach dem Präformativ ein *dagesch* vorkommt, ist ein נ am Anfang weggefallen.
- Falls die offene Präformativsilbe mit einem □ָ vokalisiert ist, handelt es sich um ein Verb mit einem י oder ו als mittleres Radikal.
- Falls die offene Präformativsilbe mit einem □ֵ vokalisiert ist, ist meistens ein י oder ein ו am Anfang weggefallen.
- Falls bei Formen mit Präformativ keiner dieser Fälle zutrifft, ist sehr wahrscheinlich ein ה oder ein א am Ende verloren gegangen.
- Um eine zweiradikalige Form zu bestimmen, muss man den Vokal der ersten Silbe genau beachten:
    - □□ַ deutet auf ein Verb פ"נ hin,
    - □□ֵ deutet auf ein Verb פ"ו hin,
    - □ֹ□ bzw. □וֹ□ deutet auf ein Verb ע"ע hin,

- □ָ□ deutet auf ein Verb ע"ו hin,
- □וֹ□ deutet auf ein Verb ע"ו hin,
- □ִי□ deutet auf ein Verb ע"ו hin,
- □□ת ist das Zeichen des Qal inf cs von Verben פ"נ,
- ein *dagesch* im zweiten Radikal deutet auf ein Verb ע"ע hin.

Lektion 20
Satztypen

Sätze sind kleine Einheiten, aus denen Texte bestehen. Im Hebräischen gibt es der Form nach Nominal- und Verbalsätze. Inhaltlich können jedoch mehrere Satztypen unterschieden werden.

Final- und Konsekutivsätze drücken das Ziel bzw. die Folge einer Handlung aus, während Bedingungssätze die Möglichkeit eines Ereignisses beschreiben. Final- und Konsekutivsätze werden im Hebräischen mit gleichen Mitteln ausgedrückt. Es ist daher sehr wichtig, den Zusammenhang zu beachten. Es gibt folgende Möglichkeiten:

- Beiordnung mit ו-*finalis*;
- Inf cs mit der Präposition לְ;
- mit der Konjunktion לְמַעַן, בַּעֲבוּר oder לְבִלְתִּי (damit);
- mit der Partikel כִּי;
- Negierte Final- und Konsekutivsätze werden häufig durch אֲשֶׁר לֹא eingeleitet.

Bedingungssätze beschreiben die Möglichkeit eines Ereignisses und werden meistens durch die Partikel אִם, seltener durch כִּי oder אֲשֶׁר eingeführt.

Kausalsätze drücken eine Begründung aus. Die klassische Kausalpartikel im Hebräischen ist כִּי. Es gibt allerdings auch noch andere besondere Wendungen, die eine Kausalität andeuten können: וְ mit Infinitiv; יַעַן und יַעַן אֲשֶׁר (weil), עֵקֶב (in der Folge), עַל אֲשֶׁר (worauf, weil), תַּחַת אֲשֶׁר (dafür).

Temporalsätze bestimmen die Zeit einer Handlung. Sie können grundsätzlich die Gleichzeitigkeit, Nachzeitigkeit oder Vorzeitigkeit einer Handlung ausdrücken. Neben der Möglichkeit, Temporalsätze durch Beiordnung mit der Konjunktion וְ oder dem Partikel כִּי auszudrücken, kann man auch die Präpositionen בְּ (im Fall einer zeitlichen Nähe) oder כְּ (im Fall der Vorzeitigkeit) mit dem *infinitus constructus* verwenden. Außerdem können auch andere Präpositionen und Adverbien gebraucht werden: כַּאֲשֶׁר (als), עַד (bis), עַד אֲשֶׁר oder עַד כִּי (bis dass), אַחַר אֲשֶׁר (nach).

Das Buch Jona

Jona 1

1 וַיְהִי֙ דְּבַר־יְהוָ֔ה אֶל־יוֹנָ֥ה בֶן־אֲמִתַּ֖י לֵאמֹֽר׃
2 ק֠וּם

קוּם gehört zur Klasse der schwachen Verben, bei denen ein ו oder י an der zweiten Stelle ist. Diese Verben haben einen langen Vokal in der Stammsilbe. Das mittlere Radikal ist ein Vokalbuchstabe ו oder י. Diese Verben (ע"ו bzw. ע"י) werden im Wörterbuch in der Form des Qal inf angegeben.

Die häufigsten Verben dieser Gruppe sind: קוּם (sich erheben, aufstehen), בִּין (verstehen), שִׂים (setzen, stellen), בּוֹא (gehen, kommen), בּוֹשׁ (sich schämen), מוּת (sterben), כּוּן (befestigen), שׁוּב (zurückkehren), שִׁיר (singen).

Qal	קוּם	שִׂים	בּוֹשׁ
perf	קָם	שָׂם	בּוֹשׁ
impf	יָקוּם	יָשִׂים	יֵבוֹשׁ
w-impf	וַיָּקָם	יָשִׂים	וַיֵּבֹשׁ
impt	קוּם	שִׂים	בּוֹשׁ
inf	קוּם	שִׂים	בּוֹשׁ
ptz	קָם	שָׂם	בּוֹשׁ

Im Ni, Hi und Ho gibt es keine Unterschiede zur „normalen“ Konjugation:

	Ni	Hi	Ho
perf	נָכוֹן	הֵקִים	הוּקַם
impf	יִכּוֹן	יָקִים	יוּקַם
w-impf	וַיִּכּוֹן	וַיָּקֶם	
impt	הִכּוֹן	הָקֵם	
inf	הִכּוֹן	הָקִים	
ptz	נָכוֹן	מֵקִים	מוּקָם

Das Verb מוּת (sterben) bildet in Qal perf und ptz besondere Formen. Die erste Silbe wird hier mit einem ◌ֵ vokalisiert (מֵת).

Im Jonabuch kommen neben קוּם (aufstehen) nur noch בּוֹא (gehen, kommen), טוּל (werfen), שׁוּעַ (um Hilfe rufen), שׁוּב (zurückkehren, umkehren) und חוּס (betrübt sein) als Verben dieser Klasse vor.

b לֵךְ אֶל־נִינְוֵה הָעִיר הַגְּדוֹלָה

c וּקְרָא עָלֶיהָ

d כִּי־עָלְתָה רָעָתָם לְפָנָי׃

3a וַיָּקָם יוֹנָה

וַיָּקָם ist die Form des Q w-impf 3 m s von קוּם

b לִבְרֹחַ תַּרְשִׁישָׁה מִלִּפְנֵי יְהוָה

c וַיֵּרֶד יָפוֹ

d וַיִּמְצָא אָנִיָּה בָּאָה תַרְשִׁישׁ

בָּאָה ist die Form des Q ptz f s von בּוֹא

e וַיִּתֵּן שְׂכָרָהּ

f וַיֵּרֶד בָּהּ

g לָבוֹא עִמָּהֶם תַּרְשִׁישָׁה מִלִּפְנֵי יְהוָה׃

4a וַיהוָה הֵטִיל רוּחַ־גְּדוֹלָה אֶל־הַיָּם

הֵטִיל ist die Form des Hi perf 3 m s von טוּל

b וַיְהִי סַעַר־גָּדוֹל בַּיָּם

c וְהָאֳנִיָּה חִשְּׁבָה

d לְהִשָּׁבֵר׃

5a וַיִּירְאוּ הַמַּלָּחִים

b וַיִּזְעֲקוּ אִישׁ אֶל־אֱלֹהָיו

אִישׁ ist hier ein Kollektivausdruck (Männer/alle), deswegen die Pluralform des Verbs.

c וַיָּטִלוּ אֶת־הַכֵּלִים

d אֲשֶׁר בָּאֳנִיָּה אֶל־הַיָּם

לְהָקֵ֖ל מֵעֲלֵיהֶ֑ם e

לְהָקֵל ist die Form des Hi inf cs des Verbs קָלַל
Es handelt sich dabei um Verben mit dem gleichen zweiten und dritten Radikal.

Die Verben dieser Gruppe (ע"ע) sind ursprünglich Verben mit nur zwei Radikalen. Das zweite Radikal wird aber in manchen Formen wiederholt, sodass diese Verben als dreiradikalige starke Verben auftreten.

Im Qal perf, ptz und inf und in den Doppelungsstämmen werden die Verben dieser Gruppe stark gebildet, alle anderen Formen sind schwach. In Formen mit Endungen wird das mittlere Radikal verdoppelt und die erste Silbe mit einem kurzen Vokal vokalisiert. Die Präformativsilbe ist immer offen. Vor konsonantischen Endungen werden Trennungsvokale eingeschoben (וֹ im perf und ◌ֶ im impf).
Im Jonabuch kommen aus dieser Verbklasse noch פלל (beten), סבב (umgeben), אפף (umschlingen), הלל (anfangen) und רעע (böse sein) vor.

וְיוֹנָ֗ה יָרַד֙ אֶל־יַרְכְּתֵ֣י הַסְּפִינָ֔ה f

וַיִּשְׁכַּ֖ב g

וַיֵּרָדַֽם׃ h

וַיִּקְרַ֤ב אֵלָיו֙ רַ֣ב הַחֹבֵ֔ל 6a

וַיֹּ֥אמֶר ל֖וֹ b

מַה־לְּךָ֣ נִרְדָּ֑ם c

ק֗וּם d

קְרָ֣א אֶל־אֱלֹהֶ֔יךָ e

אוּלַ֞י יִתְעַשֵּׁ֧ת הָאֱלֹהִ֛ים לָ֖נוּ f

וְלֹ֥א נֹאבֵֽד׃ g

וַיֹּאמְר֞וּ אִ֣ישׁ אֶל־רֵעֵ֗הוּ 7a

לְכוּ֙ b

לְכוּ ist die Form des Q imp m pl von הלך.

וְנַפִּ֣ילָה גֽוֹרָל֔וֹת c

וְנֵדְעָ֕ה d
בְּשֶׁלְּמִ֛י הָרָעָ֥ה הַזֹּ֖את לָ֑נוּ e
וַיַּפִּ֙לוּ֙ גּֽוֹרָל֔וֹת f
וַיִּפֹּ֥ל הַגּוֹרָ֖ל עַל־יוֹנָֽה׃ g
וַיֹּאמְר֣וּ אֵלָ֔יו 8a
הַגִּֽידָה־נָּ֣א לָ֔נוּ b
בַּאֲשֶׁ֛ר לְמִי־הָרָעָ֥ה הַזֹּ֖את לָ֑נוּ c
מַה־מְּלַאכְתְּךָ֙ d
וּמֵאַ֣יִן תָּב֔וֹא e
מָ֣ה אַרְצֶ֔ךָ f
וְאֵֽי־מִזֶּ֥ה עַ֖ם אָֽתָּה׃ g
וַיֹּ֥אמֶר אֲלֵיהֶ֖ם 9a
עִבְרִ֣י אָנֹ֑כִי b
וְאֶת־יְהוָ֞ה אֱלֹהֵ֤י הַשָּׁמַ֙יִם֙ אֲנִ֣י יָרֵ֔א c
אֲשֶׁר־עָשָׂ֥ה אֶת־הַיָּ֖ם וְאֶת־הַיַּבָּשָֽׁה׃ d
וַיִּֽירְא֤וּ הָֽאֲנָשִׁים֙ יִרְאָ֣ה גְדוֹלָ֔ה 10a
וַיֹּאמְר֥וּ אֵלָ֖יו b
מַה־זֹּ֣את עָשִׂ֑יתָ c
כִּֽי־יָדְע֣וּ הָאֲנָשִׁ֗ים d
כִּֽי־מִלִּפְנֵ֤י יְהוָה֙ ה֣וּא בֹרֵ֔חַ e
כִּ֥י הִגִּ֖יד לָהֶֽם׃ f

11a וַיֹּאמְרוּ אֵלָיו
b מַה־נַּעֲשֶׂה לָּךְ
c וְיִשְׁתֹּק הַיָּם מֵעָלֵינוּ
d כִּי הַיָּם הוֹלֵךְ וְסֹעֵר׃
e וְסֹעֵר׃
12a וַיֹּאמֶר אֲלֵיהֶם
b שָׂאוּנִי
c וַהֲטִילֻנִי אֶל־הַיָּם
d וְיִשְׁתֹּק הַיָּם מֵעֲלֵיכֶם
e כִּי יוֹדֵעַ אָנִי
f כִּי בְשֶׁלִּי הַסַּעַר הַגָּדוֹל הַזֶּה עֲלֵיכֶם׃
13a וַיַּחְתְּרוּ הָאֲנָשִׁים
b לְהָשִׁיב אֶל־הַיַּבָּשָׁה
c וְלֹא יָכֹלוּ
d כִּי הַיָּם הוֹלֵךְ וְסֹעֵר עֲלֵיהֶם׃
14a וַיִּקְרְאוּ אֶל־יְהוָה
b וַיֹּאמְרוּ
c אָנָּה יְהוָה אַל־נָא נֹאבְדָה בְּנֶפֶשׁ הָאִישׁ הַזֶּה
d וְאַל־תִּתֵּן עָלֵינוּ דָּם נָקִיא
e כִּי־אַתָּה יְהוָה
f כַּאֲשֶׁר חָפַצְתָּ

Die Partikel כַּאֲשֶׁר ist mit "wie" zu übersetzen.

g עָשִׂיתָ׃

15a וַיִּשְׂאוּ אֶת־יוֹנָה

b וַיְטִלֻהוּ אֶל־הַיָּם

c וַיַּעֲמֹד הַיָּם מִזַּעְפּוֹ׃

16a וַיִּירְאוּ הָאֲנָשִׁים יִרְאָה גְדוֹלָה אֶת־יְהוָה

b וַיִּזְבְּחוּ־זֶבַח לַיהוָה

c וַיִּדְּרוּ נְדָרִים׃

Jona 2

1a וַיְמַן יְהוָה דָּג גָּדוֹל

b לִבְלֹעַ אֶת־יוֹנָה

c וַיְהִי יוֹנָה בִּמְעֵי הַדָּג שְׁלֹשָׁה יָמִים וּשְׁלֹשָׁה לֵילוֹת׃

2 וַיִּתְפַּלֵּל יוֹנָה אֶל־יְהוָה אֱלֹהָיו מִמְּעֵי הַדָּגָה׃

וַיִּתְפַּלֵּל ist die Form des Hit w-impf 3 m s des Verbs פלל

3a וַיֹּאמֶר

b קָרָאתִי מִצָּרָה לִי אֶל־יְהוָה

c וַיַּעֲנֵנִי

d מִבֶּטֶן שְׁאוֹל שִׁוַּעְתִּי

e שָׁמַעְתָּ קוֹלִי׃

4a וַתַּשְׁלִיכֵנִי מְצוּלָה בִּלְבַב יַמִּים

b וְנָהָר יְסֹבְבֵנִי

Wenn bei einem Verb der zweite Radikal wiederholt wird (wie in 4b beim Verb סבב), verwendet die hebräische Sprache sog. „Parallelstämme".
In diesem Fall anstatt einer Piel-Form kommt mit יְסֹבְבֵנִי eine Polel-Form vor.

c כָּל־מִשְׁבָּרֶיךָ וְגַלֶּיךָ עָלַי עָבָרוּ׃

5a וַאֲנִי אָמַרְתִּי

b נִגְרַשְׁתִּי מִנֶּגֶד עֵינֶיךָ

c אַךְ אוֹסִיף

d לְהַבִּיט אֶל־הֵיכַל קָדְשֶׁךָ׃

6a אֲפָפוּנִי מַיִם עַד־נֶפֶשׁ

b תְּהוֹם יְסֹבְבֵנִי

c סוּף חָבוּשׁ לְרֹאשִׁי׃

7a לְקִצְבֵי הָרִים יָרַדְתִּי

b הָאָרֶץ בְּרִחֶיהָ בַעֲדִי לְעוֹלָם

c וַתַּעַל מִשַּׁחַת חַיַּי יְהוָה אֱלֹהָי׃

8a בְּהִתְעַטֵּף עָלַי נַפְשִׁי

b אֶת־יְהוָה זָכָרְתִּי

c וַתָּבוֹא אֵלֶיךָ תְּפִלָּתִי אֶל־הֵיכַל קָדְשֶׁךָ׃

9 מְשַׁמְּרִים הַבְלֵי־שָׁוְא חַסְדָּם יַעֲזֹבוּ׃

10a וַאֲנִי בְּקוֹל תּוֹדָה אֶזְבְּחָה־לָּךְ

b אֲשֶׁר נָדַרְתִּי

c אֲשַׁלֵּמָה

d יְשׁוּעָתָה לַיהוָה׃ ס

Am Ende von 10d, nach dem *sof pasuq*, erscheint der Buchstabe ס. Dies ist eine Abkürzung des Wortes *setuma* und signalisiert einen leichten Textabschnitt.

11a וַיֹּ֥אמֶר יְהוָ֖ה לַדָּ֑ג

b וַיָּקֵ֥א אֶת־יוֹנָ֖ה אֶל־הַיַּבָּשָֽׁה׃ פ

Am Ende von 11d, nach dem *sof pasuq*, erscheint der Buchstabe פ. Dies ist eine Abkürzung des Wortes *petucha* und signalisiert, dass im ursprünglichen Manuskript an dieser Stelle die Zeile leer gelassen wurde, um das Ende eines Absatzes zu markieren.

Jona 3

1 וַיְהִ֧י דְבַר־יְהוָ֛ה אֶל־יוֹנָ֖ה שֵׁנִ֥ית לֵאמֹֽר׃

שְׁנַיִם ist ein Zahlwort: „zwei". Es befindet sich immer im Dual.

2a ק֛וּם

b לֵ֥ךְ אֶל־נִֽינְוֵ֖ה הָעִ֣יר הַגְּדוֹלָ֑ה

c וּקְרָ֤א אֵלֶ֙יהָ֙ אֶת־הַקְּרִיאָ֔ה

d אֲשֶׁ֥ר אָנֹכִ֖י דֹּבֵ֥ר אֵלֶֽיךָ׃

3a וַיָּ֣קָם יוֹנָ֗ה

b וַיֵּ֛לֶךְ אֶל־נִֽינְוֶ֖ה כִּדְבַ֣ר יְהוָ֑ה

c וְנִֽינְוֵ֗ה הָיְתָ֤ה עִיר־גְּדוֹלָה֙ לֵֽאלֹהִ֔ים מַהֲלַ֖ךְ שְׁלֹ֥שֶׁת יָמִֽים׃

4a וַיָּ֤חֶל יוֹנָה֙

וַיָּחֶל ist die Form des Hi w-impf 3 m s des Verbs חלל (zur Besonderheit s. S. 113, Jon 1,5-10).

b לָב֣וֹא בָעִ֔יר מַהֲלַ֖ךְ י֣וֹם אֶחָ֑ד

c וַיִּקְרָא֙

d וַיֹּאמַ֔ר

e ע֚וֹד אַרְבָּעִ֣ים י֔וֹם וְנִֽינְוֵ֖ה נֶהְפָּֽכֶת׃

5a וַיַּאֲמִ֛ינוּ אַנְשֵׁ֥י נִֽינְוֵ֖ה בֵּֽאלֹהִ֑ים

b וַיִּקְרְאוּ־צוֹם֙

c וַיִּלְבְּשׁוּ שַׂקִּיםמִגְּדוֹלָם וְעַד־קְטַנָּם׃

6a וַיִּגַּע הַדָּבָר אֶל־מֶלֶךְ נִינְוֵה

b וַיָּקָם מִכִּסְאוֹ

c וַיַּעֲבֵר אַדַּרְתּוֹ מֵעָלָיו

d וַיְכַס שַׂק

e וַיֵּשֶׁב עַל־הָאֵפֶר׃

7a וַיַּזְעֵק

b וַיֹּאמֶר

c בְּנִינְוֵה מִטַּעַם הַמֶּלֶךְ וּגְדֹלָיו לֵאמֹר

d הָאָדָם וְהַבְּהֵמָה הַבָּקָר וְהַצֹּאן אַל־יִטְעֲמוּ מְאוּמָה

e אַל־יִרְעוּ

f וּמַיִם אַל־יִשְׁתּוּ׃

8a וְיִתְכַּסּוּ שַׂקִּים הָאָדָם וְהַבְּהֵמָה

b וְיִקְרְאוּ אֶל־אֱלֹהִים בְּחָזְקָה

c וְיָשֻׁבוּ אִישׁ מִדַּרְכּוֹ הָרָעָה וּמִן־הֶחָמָס

וְיָשֻׁבוּ ist die Form des Q jussiv/impf 3 m s des Verbs שׁוּב (zur Besonderheit s. S. 111, Jon 1,2).

d אֲשֶׁר בְּכַפֵּיהֶם׃

9a מִי־יוֹדֵעַ

b יָשׁוּב

c וְנִחַם הָאֱלֹהִים

d וְשָׁב מֵחֲרוֹן אַפּוֹ

וְשָׁב ist die Form des Q w-perf 3 m s des Verbs שׁוּב

e וְלֹ֥א נֹאבֵֽד׃

10a וַיַּ֤רְא הָֽאֱלֹהִים֙ אֶת־מַ֣עֲשֵׂיהֶ֔ם

b כִּי־שָׁ֖בוּ מִדַּרְכָּ֣ם הָֽרָעָ֑ה

c וַיִּנָּ֣חֶם הָֽאֱלֹהִ֗ים עַל־הָרָעָ֛ה

d אֲשֶׁר־דִּבֶּ֥ר

e לַעֲשׂוֹת־לָהֶ֖ם

f וְלֹ֥א עָשָֽׂה׃

Jona 4

1a וַיֵּ֥רַע אֶל־יוֹנָ֖ה רָעָ֣ה גְדוֹלָ֑ה

b וַיִּ֖חַר לֽוֹ׃

2a וַיִּתְפַּלֵּ֨ל אֶל־יְהוָ֜ה

b וַיֹּאמַ֗ר

c אָנָּ֤ה יְהוָה֙

d הֲלוֹא־זֶ֣ה דְבָרִ֔י עַד־הֱיוֹתִי֙ עַל־אַדְמָתִ֔י

e עַל־כֵּ֥ן קִדַּ֖מְתִּי

f לִבְרֹ֣חַ תַּרְשִׁ֑ישָׁה

g כִּ֣י יָדַ֗עְתִּי

h כִּ֤י אַתָּה֙ אֵל־חַנּ֣וּן

וְרַח֔וּם אֶ֤רֶךְ אַפַּ֙יִם֙ וְרַב־חֶ֔סֶד וְנִחָ֖ם עַל־הָרָעָֽה׃

3a וְעַתָּ֣ה יְהוָ֔ה קַח־נָ֥א אֶת־נַפְשִׁ֖י מִמֶּ֑נִּי

קַח ist die Form des Q imp m s לקח. Dieses Verb wird wie die Verben פ"נ abgewandelt.

b כִּי טוֹב מוֹתִי מֵחַיָּי׃ ס

4a וַיֹּאמֶר יְהוָה

b הַהֵיטֵב חָרָה לָךְ׃

5a וַיֵּצֵא יוֹנָה מִן־הָעִיר

b וַיֵּשֶׁב מִקֶּדֶם לָעִיר

c וַיַּעַשׂ לוֹ שָׁם סֻכָּה

d וַיֵּשֶׁב תַּחְתֶּיהָ בַּצֵּל

e עַד אֲשֶׁר יִרְאֶה

f מַה־יִּהְיֶה בָּעִיר׃

6a וַיְמַן יְהוָה־אֱלֹהִים קִיקָיוֹן

b וַיַּעַל מֵעַל לְיוֹנָה

וַיַּעַל ist die Form des Pi w-impf 3 m sg von עלה.

c לִהְיוֹת צֵל עַל־רֹאשׁוֹ

d לְהַצִּיל לוֹ מֵרָעָתוֹ

e וַיִּשְׂמַח יוֹנָה עַל־הַקִּיקָיוֹן שִׂמְחָה גְדוֹלָה׃

7a וַיְמַן הָאֱלֹהִים תּוֹלַעַת בַּעֲלוֹת הַשַּׁחַר לַמָּחֳרָת

b וַתַּךְ אֶת־הַקִּיקָיוֹן

c וַיִּיבָשׁ׃

8a וַיְהִי כִּזְרֹחַ הַשֶּׁמֶשׁ

b וַיְמַן אֱלֹהִים רוּחַ קָדִים חֲרִישִׁית

c וַתַּךְ הַשֶּׁמֶשׁ עַל־רֹאשׁ יוֹנָה

d וַיִּתְעַלָּף

e וַיִּשְׁאַל אֶת־נַפְשׁוֹ

f לָמוּת

g וַיֹּאמֶר

h טוֹב מוֹתִי מֵחַיָּי׃

9a וַיֹּאמֶר אֱלֹהִים אֶל־יוֹנָה

b הַהֵיטֵב חָרָה־לְךָ עַל־הַקִּיקָיוֹן

c וַיֹּאמֶר

d הֵיטֵב חָרָה־לִי עַד־מָוֶת׃

10a וַיֹּאמֶר יְהוָה

b אַתָּה חַסְתָּ עַל־הַקִּיקָיוֹן

c אֲשֶׁר לֹא־עָמַלְתָּ בּוֹ

d וְלֹא גִדַּלְתּוֹ

e שֶׁבִּן־לַיְלָה הָיָה

f וּבִן־לַיְלָה אָבָד׃

11a וַאֲנִי לֹא אָחוּס עַל־נִינְוֵה הָעִיר הַגְּדוֹלָה

b אֲשֶׁר יֶשׁ־בָּהּ הַרְבֵּה מִשְׁתֵּים־עֶשְׂרֵה רִבּוֹ אָדָם

Mit יֵשׁ drückt man das Vorhandensein einer Sache oder Person aus: „es gibt".

c אֲשֶׁר לֹא־יָדַע בֵּין־יְמִינוֹ לִשְׂמֹאלוֹ וּבְהֵמָה רַבָּה׃

Text und Übersetzung des Jonabuches

Um die Übersetzung verständlicher zu machen, wird in der Folge das Jonabuch in kleineren Einheiten – **Äußerungseinheiten** (ÄE) – untergliedert.

Eine ÄE ist das kleinste selbständigste Element in einem Text. Sie kann ein Satz sein, muss es aber nicht. Der in ÄE aufgeteilte Text wird dabei immer mithilfe von Kleinbuchstaben durchgezählt (dazu H. Schweizer, Biblische Texte verstehen. Arbeitsbuch zur Hermeneutik und Methodik der Bibelinterpretation, Stuttgart 1986).

Die wichtigsten Kriterien für die Identifizierung einer ÄE sind:

- in einer ÄE gibt es nur ein finites Verb;
- eine Redeeinleitung lässt eine neue ÄE beginnen;
- alle Nebensätze sind selbständige ÄE;
- die (verblosen) Nominalsätze sind selbständige ÄE;
- Infinitiv-Konstruktionen und Vokativbildungen können selbständige ÄE sein.

Text und Übersetzung

Jona 1

ÄE	Text	Bestimmung	Übersetzung
1	וַיְהִי	Q w-impf 3 m s [היה]	Und geschah
	דְּבַר־	m s cs [דָּבָר]	das Wort (des)
	יְהוָה	EN	JHWHs
	אֶל־	präp	zu
	יוֹנָה	EN	Jona,
	בֶן־	m s cs [בֵּן]	dem Sohn (des)
	אֲמִתַּי	EN	Amittais,
	לֵאמֹר׃	präp [לְ] + Q inf cs [אמר]	folgendermaßen:
2a	קוּם	Q impt m s [קוּם]	„Steh auf!
2b	לֵךְ	Q impt m s [הָלַךְ]	Geh
	אֶל־	präp	nach
	נִינְוֵה	EN	Ninive,
	הָעִיר	art + f s abs [עִיר]	der Stadt

	הַגְּדֹלָה	art + adj f s abs [גָּדוֹל]	der großen!
2c	וּקְרָא	kon + Q impt m s [קרא]	Und rufe
	עָלֶיהָ	präp [עַל]+ epp 3 f s	gegen sie!
2d	כִּי־	kon	Denn
	עָלְתָה	Q perf 3 f s [עלה]	hinaufgestiegen ist
	רָעָתָם	f s cs [רָעָה]+ epp 3 m pl	ihre Bosheit
	לְפָנָי׃	präp [לִפְנֵי] + epp 1 c s	vor mich!“
3a	וַיָּקָם	Q w-impf 3 m s [קוּם]	Und stand auf
	יוֹנָה	EN	Jona,
3b	לִבְרֹחַ	präp [לְ] + Q inf cs [ברח]	um zu fliehen
	מִלִּפְנֵי	EN + ה-locale	nach Tarsis
	יְהוָה	präp [מִן] + präp [לְ] + m pl cs [פָּנִים]	weg vom Ange- sicht (des)
	יְהוָה	EN	JHWHs.
3c	וַיֵּרֶד	Q w-impf 3 m s [ירד]	Und er ging hinab

	יָפוֹ	EN	(nach) Jafo.
3d	וַיִּמְצָא	Q w-impf 3 m s [מצא]	Und er fand
	אָנִיָּה	f s abs	ein Schiff
	בָּאָה	Q ptz f s a abs [בוֹא]	gehend/aufbrechend
	תַּרְשִׁישׁ	EN	(nach) Tarsis.
3e	וַיִּתֵּן	Q w-impf 3 m s [נתן]	Und er gab
	שְׂכָרָהּ	m s cs [שָׂכָר] + epp 3 f s	seinen Fahrpreis.
3f	וַיֵּרֶד	Q w-impf 3 m s [ירד]	Und er ging hinab
	בָּהּ	präp [בְּ] + epp 3 f s	in es hinein,
3g	לָבוֹא	präp [לְ] + Q inf cs [בוֹא]	um zu fahren (gehen)
	עִמָּהֶם	präp [עִם] + epp 3 m pl	mit ihnen
	תַּרְשִׁישָׁה	EN + ה-locale	nach Tarsis,
	מִלִּפְנֵי	präp [מִן] + präp [לְ] + m pl cs [פָּנִים]	weg vom Angesicht (des)
	יְהוָה׃	EN	JHWHs.

4a	וַיהוָה	kon + EN	Und JHWH
	הֵטִיל	Hi perf 3 m s [טול]	hatte geworfen
	רוּחַ־	f s abs	einen Wind
	גְּדוֹלָה	adj f s abs [גָּדוֹל]	einen großen
	אֶל־	präp	auf
	הַיָּם	art + m s abs [יָם]	das Meer.
4b	וַיְהִי	Q w-impf 3 m s [היה]	Und es war
	סַעַר־	m s abs	ein Sturm
	גָּדוֹל	adj m s abs	ein großer
	בַּיָּם	präp [בְּ] + art + m s abs [יָם]	auf dem Meer.
4c	וְהָאֳנִיָּה	kon + art + f s abs [אֳנִיָּה]	Und das Schiff
	חִשְּׁבָה	Pi perf 3 f s [חשׁב]	hatte gedroht,
4d	לְהִשָּׁבֵר׃	präp [לְ] +Ni inf cs [שׁבר]	zu zerbrechen.
5a	וַיִּירְאוּ	Q w-impf 3 m pl [ירא]	Und fürchteten (sich)

	הַמַּלָּחִים	art + m pl abs [מַלָּח]	die Seemänner.
5b	וַיִּזְעֲקוּ	Q w-impf 3 m pl [זעק]	Und sie schrien
	אִישׁ	m s abs	jeder (ein Mann)
	אֶל־	präp	zu
	אֱלֹהָיו	m pl cs [אֱלֹהִים] + epp 3 m s	seinen Göttern.
5c	וַיָּטִלוּ	Hi w-impf 3 m pl [טול]	Und sie warfen
	אֶת־הַכֵּלִים	akk + art + m pl abs [כְּלִי]	die Geräte,
5d	אֲשֶׁר	rp	welche
	בָּאֳנִיָּה	präp [בְּ] + art + f s abs [אֳנִיָּה]	im Schiff (waren),
	אֶל־	präp	in (zum)
	הַיָּם	art + m s abs [יָם]	das Meer,
5e	לְהָקֵל	präp [לְ] + Hi inf cs [קלל]	um sich zu erleichtern
	מֵעֲלֵיהֶם	präp [מִן] + präp [עַל] + epp 3 m pl	von ihnen.
5f	וְיוֹנָה	kon + EN	Und Jona

	יָרַד֙	Q perf 3 m s [ירד]	war hinabgegangen
	אֶל־	präp	zu
	יַרְכְּתֵ֣י	f d cs [יְרֵכָה]	den Flanken (des)
	הַסְּפִינָ֔ה	art + f sg abs [סְפִינָה]	Schiffes,
5g	וַיִּשְׁכַּ֖ב	Q w-impf 3 m s [שׁכב]	und er legte sich nieder,
5h	וַיֵּרָדַֽם׃	Ni w-impf 3 m s [רדם]	und er schlief tief.
6a	וַיִּקְרַ֤ב	Q w-impf 3 m s [קרב]	Und näherte sich
	אֵלָיו֙	präp [אֶל]+ epp 3 m s	zu ihm
	רַ֣ב	m s cs	der Große (des)
	הַחֹבֵ֔ל	art + m s abs [חֹבֵל]	Matrosen.
6b	וַיֹּ֥אמֶר	Q w-impf 3 m s [אמר]	Und er sagte
	ל֖וֹ	präp [לְ] + epp 3 m s	zu ihm:
6c	מַה־	inter	„Was (ist)
	לְּךָ֣	Präp [לְ] + epp 2 m s	mit dir,

	נִרְדָּם	Ni ptz m s abs [רדם]	Schlafender?
6d	קוּם	Q impt m s [קוּם]	Steh auf!
6e	קְרָא	Q impt m s [קרא]	Ruf
	אֶל־	präp	zu
	אֱלֹהֶיךָ	m pl cs [אֱלֹהִים] + epp 2 m s	deinem Gott!
6f	אוּלַי	adv	Vielleicht
	יִתְעַשֵּׁת	Hit impf 3 m s [עשת]	gedenkt sich
	הָאֱלֹהִים	art + m s abs [אֱלֹהִים]	der Gott
	לָנוּ	präp [לְ] + epp 1 c pl	an uns
6g	וְלֹא	kon + neg	und nicht
	נֹאבֵד׃	Q impf 1 c pl [אבד]	werden wir zugrunde gehen.“
7a	וַיֹּאמְרוּ	Q w-impf 3 m pl [אמר]	Und sagten,
	אִישׁ	m s abs	jeder (ein Mann)
	אֶל־	präp	zu

	רֵעֵ֫הוּ	m s cs [רֵעַ] + epp 3 m sg	seinem Nächsten:
7b	לְכוּ֙	Q imp m pl [הלך]	„Gehet!
7c	וְנַפִּ֣ילָה	Hi kohortativ pl [נפל]	Lasst uns werfen
	גֽוֹרָלוֹת֒	m pl abs [גּוֹרָל]	Lose.
7d	וְנֵ֣דְעָ֔ה	Q kohortativ pl [ידע]	Und lasst uns erkennen,
7e	בְּשֶׁלְּמִ֛י	präp [בְּ] + rp [שֶׁ] + inter [מִי]	um wessentwillen
	הָרָעָ֥ה	art + f s abs [רָעָה]	die Bösheit
	הַזֹּ֖את	art + dem f s [זֹאת]	diese
	לָ֑נוּ	präp [לְ] + epp 1 c pl	für/zu uns [trifft].“
7f	וַיַּפִּ֙לוּ֙	Hi w-impf 3 m pl [נפל]	Und sie warfen
	גּֽוֹרָל֔וֹת	m pl abs [גּוֹרָל]	Lose.
7g	וַיִּפֹּ֥ל	Q w-impf 3 m s [נפל]	Und es fiel
	הַגּוֹרָ֖ל	art + m s abs [גּוֹרָל]	das Los
	עַל־	präp	auf

	יוֹנָה׃	EN	Jona.
8a	וַיֹּאמְרוּ	Q w-impf 3 m pl [אמר]	Und sie sagten
	אֵלָיו	Präp [אֶל]+ epp 3 m s	zu ihm:
8b	הַגִּידָה־	Hi adhortativ s [נגד]	„Teile mit
	נָּא	par	doch
	לָנוּ	präp [לְ] + epp 1 c pl	uns,
8c	בַּאֲשֶׁר	präp [בְּ] + rp [אֲשֶׁר]	durch wessen
	לְמִי	präp [לְ] + inter [מִי]	für wen
	הָרָעָה־	art + f s abs [רָעָה]	die Bösheit
	הַזֹּאת	art + dem f s [זֹאת]	diese
	לָנוּ	präp [לְ] + epp 1 c pl	zu uns [trifft].
8d	מַה־	inter	Was [ist]
	מְלַאכְתְּךָ	f s cs [מְלָאכָה] + epp 2 m s	deine Arbeit
8e	וּמֵאַיִן	kon + präp [מִן] + par [אַיִן]	und von es gibt / woher

	תָּבֹוא	Q impf 2 m s [בוא]	kommst du?
8f	מָה	inter	Was [ist]
	אַרְצֶךָ	f s cs [אֶרֶץ] + epp 2 m s	dein Land
8g	וְאֵי־	kon + inter [אֵי]	und wo
	מִזֶּה	präp [מִן] + dem m s [זֶה]	von diesem
	עָם	m s abs	Volk [bist]
	אָתָּה׃	spp 2 m s	du?“
9a	וַיֹּאמֶר	Q w-impf 3 m s [אמר]	Und er sagte
	אֲלֵיהֶם	Präp [אֶל] + epp 3 m pl	zu ihnen:
9b	עִבְרִי	EN	„Ein Hebräer
	אָנֹכִי	spp 1 c s	[bin] ich.
9c	וְאֶת־יְהוָה	akk + par + EN	Und JHWH,
	אֱלֹהֵי	m pl cs [אֱלֹהִים]	den Gott (der)
	הַשָּׁמַיִם	art + m d abs [שָׁמַיִם]	Himmel,

	אֲנִי	spp 1 c s	[bin] ich,
	יָרֵא	m s abs	ein Fürchtender,
9d	אֲשֶׁר־	rp	welcher
	עָשָׂה	Q perf 3 m s [עשׂה]	gemacht hat
	אֶת־הַיָּם	akk + art + m s abs [יָם]	das Meer
	וְאֶת־הַיַּבָּשָׁה׃	kon +akk + art + m d abs [יַבָּשָׁה]	und das trockene Land."
10a	וַיִּירְאוּ	Q w-impf 3 m s [ירא]	Und fürchteten
	הָאֲנָשִׁים	art + m pl abs [אִישׁ]	Männer
	יִרְאָה	f s abs	eine Furcht
	גְדוֹלָה	adj f s abs [גָּדוֹל]	eine große.
10b	וַיֹּאמְרוּ	Q w-impf 3 m pl [אמר]	Und sie sagten
	אֵלָיו	präp [אֶל]+ epp 3 m s	zu ihm:
10c	מַה־	inter	„Was
	זֹּאת	dem f s	diese

	עָשִׂיתָ	Q perf 2 m s [עשׂה]	hast du getan?“
10d	כִּי־	kon	Denn
	יָדְעוּ	Q perf 3 c pl [ידע]	hatten erkannt
	הָאֲנָשִׁים	art + m pl abs [אִישׁ]	die Männer,
10e	כִּי־	kon	dass
	מִלִּפְנֵי	präp [מִן] + präp [לְ] + m pl cs [פָּנִים]	weg vom Angesicht (des)
	יְהוָה	EN	JHWHs
	הוּא	spp 3 m s	er [war]
	בֹּרֵחַ	Q ptz m s a abs [ברח]	fliehend.
10f	כִּי	kon	Denn
	הִגִּיד	Hi perf 3 m s [נגד]	er hatte [es] mitgeteilt
	לָהֶם׃	präp [לְ] + epp 3 m pl	ihnen.
11a	וַיֹּאמְרוּ	Q w-impf 3 m pl [אמר]	Und sie sagten
	אֵלָיו	Präp [אֶל]+ epp 3 m s	zu ihm:

11b	מַה־	inter	„Was
	נַעֲשֶׂה	Q impf 1 c pl [עשׂה]	sollen wir machen
	לָּךְ	präp [לְ] + epp 2 m s	mit dir,
11c	וְיִשְׁתֹּק	kon + Q jussiv m s [שׁתק]	damit / und ruhen möge
	הַיָּם	art + m s abs [יָם]	das Meer
	מֵעָלֵינוּ	präp [מִן]+präp [עַל]+ epp 1 c pl	von über uns?“
11d	כִּי	kon	Denn
	הַיָּם	art + m s abs [יָם]	das Meer [war]
	הוֹלֵךְ	Q ptz m s a abs [הלך]	ein gehendes
11e	וְסֹעֵר׃	Q ptz m s a abs [סער]	und ein stürmen-des.
12a	וַיֹּאמֶר	Q w-impf 3 m s [אמר]	Und er sagte
	אֲלֵיהֶם	Präp [אֶל] + epp 3 m pl	zu ihnen:
12b	שָׂאוּנִי	Q impt m pl [נשׂא] + epp 1 c s	„Tragt mich
12c	וַהֲטִילֻנִי	kon + Hi impt m pl [טול] + epp 1c s	und werft mich

	אֶל־הַיָּם	präp + art + m s abs [יָם]	das Meer
12d	וְיִשְׁתֹּק	kon + Q jussiv m s [שׁתק]	Und es möge ruhen
	הַיָּם	art + m s abs [יָם]	das Meer
	מֵעֲלֵיכֶם	präp [מִן] + präp [עַל] + epp 2 m pl	von über euch.
12e	כִּי	kon	Denn
	יוֹדֵעַ	Q ptz m s a abs [ידע]	erkennend
	אָנִי	spp 1 c s	[bin] ich,
12f	כִּי	kon	dass
	בְשֶׁלִּי	präp [בְּ] + par [שֶׁ] + epp 1 c s	meinetwegen
	הַסַּעַר	art + m s abs [סַעַר]	der Sturm
	הַגָּדוֹל	art + m s abs [גָּדוֹל]	der große
	הַזֶּה	art + dem m s [זֶה]	dieser
	עֲלֵיכֶם׃	präp [עַל] + epp 2 m pl	über euch [ist].“
13a	וַיַּחְתְּרוּ	Q w-impf 3 m pl [חתר]	Und ruderten

	הָאֲנָשִׁים	art + m pl abs [אִישׁ]	die Männer,
13b	לְהָשִׁיב	präp [לְ] + Hi inf cs [שׁוּב]	um umzukehren
	אֶל-	präp	zu
	הַיַּבָּשָׁה	art + f s abs [יַבָּשָׁה]	dem trockenen Land.
13c	וְלֹא	kon + neg	Und nicht
	יָכֹלוּ	Q perf 3 m pl [יכל]	haben sie [es] geschafft.
13d	כִּי	kon	Denn
	הַיָּם	art + m s abs [יָם]	das Meer
	הוֹלֵךְ	Q ptz m s a abs [הלך]	[war] ein gehendes
13e	וְסֹעֵר	kon + Q ptz m s a abs [סער]	und ein stürmendes
	עֲלֵיהֶם׃	präp [עַל] + epp 3 m pl	gegen sie.
14a	וַיִּקְרְאוּ	Q w-impf 3 m pl [קרא]	Und sie riefen
	אֶל-	präp	zu
	יְהוָה	EN	JHWH.

14b	וַיֹּאמְרוּ	Q w-impf 3 m pl [אמר]	Und sie sagten:
14c	אָנָּה	par	„Bitte,
	יְהוָה	EN	JHWH,
	אַל־	neg	nicht
	נָא	par	doch
	נֹאבְדָה	Q kohortativ pl [אבד]	lass uns zugrunde gehen
	בְּנֶפֶשׁ	präp [בְּ] + m s cs [נֶפֶשׁ]	um der Seele (des)
	הָאִישׁ	art + m s abs [אִישׁ]	Mannes
	הַזֶּה	art + m s [זֶה]	dieses
14d	וְאַל־	kon + neg	Und nicht
	תִּתֵּן	Q jussiv m s [נתן]	bringe
	עָלֵינוּ	präp [עַל] + epp 1 c pl	über uns
	דָּם	m s abs	Blut
	נָקִיא	m s abs	unschuldiges.

14e	כִּי־	kon	Denn
	אַתָּה	spp 2 m s	du,
	יְהוָה	EN	JHWH,
14f	כַּאֲשֶׁר	kon + rp [אֲשֶׁר]	wie
	חָפַצְתָּ	Q perf 2 m s [חפץ]	du Gefallen gehabt hast,
14g	עָשִׂיתָ׃	Q perf 2 m s [עשׂה]	hast du getan.“
15a	וַיִּשְׂאוּ	Q w-impf 3 m pl [נשׂא]	Und sie trugen
	אֶת־יוֹנָה	akk +EN	Jona.
15b	וַיְטִלֻהוּ	Hi w-impf 3 m pl [טול] + epp 3 m s	Und sie warfen ihn
	אֶל־	präp	in/zu
	הַיָּם	art + m s abs [יָם]	dem Meer.
15c	וַיַּעֲמֹד	Q w-impf 3 m s [עמד]	Und es ließ ab
	הַיָּם	art + m s abs [יָם]	das Meer
	מִזַּעְפּוֹ׃	präp [מִן] + Q inf cs [זעף] + epp 3 m s	von seinem Wüten.

16a	וַיִּירְא֧וּ	Q w-impf 3 m pl [ירא]	Und fürchteten
	הָאֲנָשִׁ֛ים	art + m pl abs [אִישׁ]	die Männer
	יִרְאָ֥ה	f s abs	eine Furcht
	גְדוֹלָ֖ה	f s abs [גָּדוֹל]	eine große,
	אֶת־יְהוָ֑ה	akk + EN	JHWH
16b	וַיִּֽזְבְּחוּ־	Q w-impf 3 m pl [זבח]	Und sie schlachteten
	זֶ֙בַח֙	m s abs	ein Schlachtopfer
	לַֽיהוָ֔ה	präp [לְ] + EN [יְהוָה]	für JHWH.
16c	וַֽיִּדְּר֖וּ	Q w-impf 3 m pl [נדר]	Und sie gelobten
	נְדָרִֽים׃	m pl abs [נֵדֶר]	Gelübde.

Jona 2

ÄE	Text	Bestimmung	Übersetzung
1a	וַיְמַ֤ן	Pi w-impf 3 m s [מנה]	Und bestellte
	יְהוָה֙	EN	JHWH

	דָּג	m s abs	einen Fisch
	גָּדוֹל	m s abs	einen großen,
1b	לִבְלֹעַ	präp [לְ] + Q inf cs [בלע]	um zu verschlingen
	אֶת־יוֹנָה	akk + EN	Jona.
1c	וַיְהִי	Q w-impf 3 m s [היה]	Und war
	יוֹנָה	EN	Jona
	בִּמְעֵי	präp [בְּ] + m pl cs [מֵעֶה]	im Inneren (des)
	הַדָּג	art + m s abs [דָּג]	Fisches
	שְׁלֹשָׁה	f s abs [שָׁלֹשׁ]	drei
	יָמִים	m pl abs [יוֹם]	Tage
	וּשְׁלֹשָׁה	kon + f s abs [שָׁלֹשׁ]	und drei
	לֵילוֹת׃	f pl abs [לַיְלָה]	Nächte.
2	וַיִּתְפַּלֵּל	Hit w-impf 3 m [פלל]	Und betete
	יוֹנָה	EN	Jona

	אֶל־	präp	zu
	יְהוָה	EN	JHWH,
	אֱלֹהָיו	m pl cs [אֱלֹהִים] + epp 3 m s	seinem Gott,
	מִמְּעֵי	präp [מִן] + m pl cs [מֵעֶה]	aus dem Inneren (des)
	הַדָּגָה׃	art + f s abs [דָּגָה]	Fisches.
3a	וַיֹּאמֶר	Q w-impf 3 m s [אמר]	Und er sagte:
3b	קָרָאתִי	Q perf 1 c s [קרא]	„Ich habe gerufen
	מִצָּרָה	präp [מִן] + f s abs [צָרָה]	aus Not
	לִי	präp [לְ] + epp 1 c s	für mich/meiner
	אֶל־	präp	zu
	יְהוָה	EN	JHWH.
3c	וַיַּעֲנֵנִי	Q w-impf 3 m s [ענה] + epp 1 c s	Und er antwortete mir.
3d	מִבֶּטֶן	präp [מִן] + f cs [בֶּטֶן]	Aus dem Schoß (des)
	שְׁאוֹל	EN	Scheol

	שִׁוַּעְתִּי	Pi perf 1 c s [שׁוע]	habe ich um Hilfe gerufen.
3e	שָׁמַעְתָּ	Q perf 2 m s [שׁמע]	Du hast gehört
	קוֹלִי׃	m s cs [קוֹל] + epp 1 c s	meine Stimme.
4a	וַתַּשְׁלִיכֵנִי	Hi w-impf 2 m s [שׁלך] + epp 1 c s	Und du warfest mich
	מְצוּלָה	f s abs	[in] die Tiefe,
	בִּלְבַב	präp [בְּ] + m s cs [לֵבָב]	ins Herz (der)
	יַמִּים	m pl abs [יָם]	Meere.
4b	וְנָהָר	kon + m s abs [נָהָר]	Und Strömung
	יְסֹבְבֵנִי	Polel impf 3 m s [סבב] + epp 1 c s	wird mich umgeben.
4c	כָּל־	adv	Alle
	מִשְׁבָּרֶיךָ	m pl cs [מִשְׁבָּר] + epp 2 m s	deine Brandungen
	וְגַלֶּיךָ	kon + m pl cs [גַּל] + + epp 2 m s	und deine Wellen
	עָלַי	präp [עַל] + epp 1 c s	über mich
	עָבָרוּ׃	Q perf 3 c pl [עבר]	sind hinübergegangen.

5a	וַאֲנִי	kon + spp 1 c s	Und ich
	אָמַרְתִּי	Q perf 1 c s [אמר]	habe gesagt:
5b	נִגְרַשְׁתִּי	Ni perf 1 c s [גרשׁ]	Ich bin vertrieben worden
	מִנֶּגֶד	präp [מִן] + präp [נֶגֶד]	von hinweg
	עֵינֶיךָ	f d cs [עַיִן] + epp 2 m s	deinen Augen,
5c	אַךְ	adv	aber
	אוֹסִיף	Hi impf 1 c s [יסף]	ich werde hinzu-tun,
5d	לְהַבִּיט	präp [לְ] + Hi inf cs [נבט]	um hinzublicken
	אֶל־	präp	zum
	הֵיכַל	m s cs [הֵיכָל]	Tempel (der)
	קָדְשֶׁךָ׃	m s cs [קֹדֶשׁ] + epp 2 m s	deiner Heiligkeit.
6a	אֲפָפוּנִי	Q perf 3 c pl [אפף] + epp 1 c s	Mich haben um-geben
	מַיִם	m pl abs	Wasser
	עַד־	präp	bis zur

	נֶ֔פֶשׁ	f s abs	Kehle.
6b	תְּה֖וֹם	m s abs	Urwasser
	יְסֹבְבֵ֑נִי	Po impf 3 m s [סבב] + epp 1 c s	wird mich umschlingen.
6c	ס֖וּף	m s abs	Schilf
	חָב֥וּשׁ	Q ptz m sg p abs [חבשׁ]	[war] geschlungen
	לְרֹאשִֽׁי׃	präp [לְ] + m s cs [רֹאשׁ] + epp 1 c s	um meinen Kopf.
7a	לְקִצְבֵ֤י	präp [לְ] + m pl cs [קֶצֶב]	Zu den Gründen (der)
	הָרִים֙	m pl abs [הַר]	Bergen
	יָרַ֔דְתִּי	Q perf 1 c s [ירד]	bin ich hinabgegangen.
7b	הָאָ֛רֶץ	art + f s abs [אֶרֶץ]	Das Land,
	בְּרִחֶ֥יהָ	m pl cs [בְּרִיחַ] + epp 3 f s	ihre Riegel,
	בַעֲדִ֖י	präp [בַּעַד] + epp 1 c s	[war] hinter mir
	לְעוֹלָ֑ם	präp [לְ] + m s abs [עוֹלָם]	auf Ewigkeit.
7c	וַתַּ֧עַל	Hi w-impf 2 m s [עלה]	Und du ließt hinaufführen

	מִשַּׁחַת	präp [מִן] + f s abs [שַׁחַת]	aus der Grube
	חַיָּי	m pl cs [חַי] + epp 1 c s	mein Leben,
	יְהוָה	EN	JHWH,
	אֱלֹהָי׃	m pl cs [אֱלֹהִים] + epp 1 c s	mein Gott.
8a	בְּהִתְעַטֵּף	präp [בְּ] + Hit inf cs [עטף]	Als verschmachtete
	עָלַי	präp [עַל] + epp 1 c s	über mir
	נַפְשִׁי	f s cs [נֶפֶשׁ] + epp 1 c s	meine Seele,
8b	אֶת־יְהוָה	par + EN	an JHWH,
	זָכָרְתִּי	Q perf 1 c s [זכר]	habe ich mich erinnert.
8c	וַתָּבוֹא	Q w-impf 3 f s [בוֹא]	Und es kam
	אֵלֶיךָ	präp [אֶל] + epp 2 m s	zu dir
	תְּפִלָּתִי	f s cs [תְּפִלָּה] + epp 1 c s	mein Gebet,
	אֶל־	präp	zum
	הֵיכַל	m s cs [הֵיכָל]	Tempel (der)

	קָדְשֶֽׁךָ׃	m s cs [קֹדֶשׁ] + epp 2 m s	deiner Heiligkeit.
9	מְשַׁמְּרִ֖ים	Pi ptz m pl a abs [שׁמר]	Die Verehrenden
	הַבְלֵי־	m pl cs [הֶבֶל]	Windhäuche (der)
	שָׁ֑וְא	m s abs [שָׁוְא]	Nichtigkeit,
	חַסְדָּ֥ם	m s cs [חֶסֶד] + epp 3 m pl	ihre Gnade
	יַעֲזֹֽבוּ׃	Q impf 3 m pl [עזב]	wird sie verlassen.
10a	וַאֲנִ֗י	kon + spp 1 c s	Aber ich
	בְּקֹ֤ול	präp [בְּ] + m s cs [קוֹל]	mit einer Stimme (des)
	תֹּודָה֙	f s abs	Lobes
	אֶזְבְּחָה־	Q kohortativ s [זבח]	will opfern
	לָּ֔ךְ	präp [לְ] + epp 2 f s	für dich.
10b	אֲשֶׁ֥ר	rp	Was
	נָדַ֖רְתִּי	Q perf 1 c s [נדר]	ich gelobt habe,
10c	אֲשַׁלֵּ֑מָה	Pi kohortativ s [שׁלם]	will ich vollenden.

10d	יְשׁוּעָתָה	f s abs	Rettung [ist]
	לַיהוָה׃	präp [לְ] + EN	bei JHWH."
11a	וַיֹּאמֶר	Q w-impf 3 m s [אמר]	Und sagte
	יְהוָה	EN	JHWH
	לַדָּג	präp [לְ] + art + m s abs [דָּג]	zum Fisch.
11b	וַיָּקֵא	Hi w-impf 3 m s [קיא]	Und er spie aus
	אֶת־יוֹנָה	akk + EN	Jona
	אֶל־	präp	zum
	הַיַּבָּשָׁה׃	art + f s abs [יַבָּשָׁה]	trockenen Land.

Jona 3

ÄE	Text	Bestimmung	Übersetzung
1	וַיְהִי	Q w-impf 3 m s [היה]	Und geschah
	דְבַר־	m s cs [דָּבָר]	das Wort (des)
	יְהוָה	EN	JHWHs

	אֶל־	präp	zu
	יוֹנָה	EN	Jona
	שֵׁנִית	f s abs [שֵׁנִי]	ein zweites Mal,
	לֵאמֹר׃	präp [לְ] + Q inf cs [אמר]	folgendermaßen:
2a	קוּם	Q impt m s [קוּם]	„Steh auf!
2b	לֵךְ	Q impt m s [הָלַךְ]	Geh
	אֶל־נִינְוֵה	präp + EN	nach Ninive
	הָעִיר	art + f s abs [עִיר]	der Stadt
	הַגְּדוֹלָה	art + f s abs [גָּדוֹל]	der großen!
2c	וּקְרָא	kon + Q impt m s [קרא]	Und rufe
	אֵלֶיהָ	präp [עַל]+ epp 3 f s	gegen sie
	אֶת־הַקְּרִיאָה	akk + art + f s abs [קְרִיאָה]	die Botschaft,
2d	אֲשֶׁר	rp	die
	אָנֹכִי	spp 1 c s	ich

	דֹּבֵר	Q ptz m s a abs [דבר]	redend [bin]
	אֵלֶיךָ׃	präp [אֶל] + epp 2 m s	zu dir!“
3a	וַיָּקָם	Q w-impf 3 m s [קוּם]	Und stand auf
	יוֹנָה	EN	Jona.
3b	וַיֵּלֶךְ	Q w-impf 3 m s [הלך]	Und er ging
	אֶל־	präp	nach
	נִינְוֶה	EN	Ninive
	כִּדְבַר	präp [כְּ] + m s cs [דָּבָר]	gemäß dem Wort (des)
	יְהוָה	EN	JHWHs.
3c	וְנִינְוֵה	kon + EN	Und Ninive
	הָיְתָה	Q perf 3 f s [היה]	war
	עִיר־	f s abs	eine Stadt
	גְּדוֹלָה	f s abs [גָּדוֹל]	eine große
	לֵאלֹהִים	präp [לְ] + m pl abs [אֱלֹהִים]	vor Gott,

	מַהֲלַךְ	m s cs [מַהֲלָךְ]	eine Reise
	שְׁלֹשֶׁת	m s cs [שָׁלֹשׁ]	[von] drei
	יָמִים׃	m pl cs [יוֹם]	Tagen.
4a	וַיָּחֶל	Hi w-impf 3 m s [חלל]	Und fing an
	יוֹנָה	EN	Jona
4b	לָבוֹא	präp [לְ] + Q inf cs [בּוֹא]	zu gehen
	בָעִיר	präp [בְּ] + art + f s abs [עִיר]	in die Stadt,
	מַהֲלַךְ	m s cs [מַהֲלָךְ]	eine Reise
	יוֹם	m s abs	[von] Tag
	אֶחָד	m s abs	eins.
4c	וַיִּקְרָא	Q w-impf 3 m s [קרא]	Und er rief,
4d	וַיֹּאמַר	Q w-impf 3 m s [אמר]	und er sagte:
4e	עוֹד	adv	„Noch
	אַרְבָּעִים	m pl abs [אַרְבַּע]	vierzig

	יֹ֑ום	m s abs	Tage
	וְנִֽינְוֵ֖ה	kon + EN	und Ninive
	נֶהְפָּֽכֶת׃	Ni ptz f s abs [הפך]	[ist] eine zerstör-te!“
5a	וַיַּאֲמִ֛ינוּ	Hi w-impf 3 m pl [אמן]	Und glaubten
	אַנְשֵׁ֥י	m pl cs [אִישׁ]	die Männer
	נִֽינְוֵ֖ה	EN	Ninives
	בֵּֽאלֹהִ֑ים	präp [בְּ] + m pl abs [אֱלֹהִים]	an Gott.
5b	וַיִּקְרְאוּ־	Q w-impf 3 m pl [קרא]	Und sie riefen aus
	צֹ֙ום	m s abs	ein Fasten.
5c	וַיִּלְבְּשׁ֣וּ	Q w-impf 3 m pl [לבשׁ]	Und sie zogen an
	שַׂקִּ֔ים	m pl abs [שַׂק]	Sacktücher
	מִגְּדוֹלָ֖ם	präp [מִן] + m s cs [גָּדוֹל] + epp 3 m pl	von ihrem Größ-ten
	וְעַד־	kon + präp [עַד]	bis
	קְטַנָּֽם׃	m s cs [קָטָן] + epp 3 m pl	ihrem Kleinsten.

6a	וַיִּגַּע	Q w-impf 3 m s [נגע]	Und gelang
	הַדָּבָר	art + m s abs [דָּבָר]	das Wort
	אֶל־	präp	zum
	מֶלֶךְ	m s cs [מֶלֶךְ]	König (des)
	נִינְוֵה	EN	Ninives.
6b	וַיָּקָם	Q w-impf 3 m s [קום]	Und er stand auf
	מִכִּסְאוֹ	präp [מִן] + m s cs [כִּסֵּא] + epp 3 m s	von seinem Thron.
6c	וַיַּעֲבֵר	Hi w-impf 3 m s [עבר]	Und er zog aus
	אַדַּרְתּוֹ	f s cs [אַדֶּרֶת] + epp 3 m s	seinen Mantel
	מֵעָלָיו	präp [מִן] + präp [עַל] + epp 3 m s	von ihm oberhalb.
6d	וַיְכַס	Pi w-impf 3 m s [כסה]	Und er hüllte sich
	שַׂק	m s abs	[in] ein Sacktuch.
6e	וַיֵּשֶׁב	Q w-impf 3 m s [ישב]	Und er setzt sich
	עַל־	präp	auf

	הָאֵפֶר׃	art + m s abs [אֵפֶר]	den Staub.
7a	וַיַּזְעֵק	Hi w-impf 3 m s [זעק]	Und er schrie,
7b	וַיֹּאמֶר	Q w-impf 3 m s [אמר]	und er sagte:
7c	בְּנִינְוֵה	präp [בְּ] + EN	„In Ninive
	מִטַּעַם	präp [מִן] + m s cs [טַעַם]	auf Edikt
	הַמֶּלֶךְ	art + m s abs [מֶלֶךְ]	des Königs
	וּגְדֹלָיו	kon + m pl cs [גָּדוֹל] + epp 3 m s	und seiner Großen,
	לֵאמֹר	präp [לְ] + Q inf cs [אמר]	folgendermaßen:
7d	הָאָדָם	art + m s abs [אָדָם]	'Der Mensch
	וְהַבְּהֵמָה	kon + art + f s abs [בְּהֵמָה]	und die Tiere,
	הַבָּקָר	art + m s abs [בָּקָר]	das Rindvieh
	וְהַצֹּאן	kon + art + m s abs [צֹאן]	und das Kleinvieh
	אַל־	neg	nicht
	יִטְעֲמוּ	Q jussiv pl [טעם]	sollen sie kosten

	מְאוּמָה	m s abs	irgendetwas.
7e	אַל־	neg	Nicht
	יִרְעוּ	Q jussiv pl [רעה]	sollen sie weiden,
7f	וּמַיִם	kon + m pl abs [מַיִם]	und Wasser
	אַל־	neg	nicht
	יִשְׁתּוּ׃	Q jussiv/impf 3 m pl [שׁתה]	sollen sie trinken.
8a	וְיִתְכַּסּוּ	kon + Hit jussiv/ impf 3 m pl [כסה]	Und sollen sich verhüllen
	שַׂקִּים	m pl abs [שַׂק]	[in] Sacktücher
	הָאָדָם	art + m s abs [אָדָם]	der Mensch
	וְהַבְּהֵמָה	kon + art + f s abs [בְּהֵמָה]	und die Tiere.
8b	וְיִקְרְאוּ	kon + Q jussiv/ impf 3 m pl [קרא]	Und sie sollen rufen
	אֶל־	präp	zu
	אֱלֹהִים	m pl abs	Gott
	בְּחָזְקָה	präp [בְּ] + f s abs [חָזְקָה]	mit Kraft.

8c	וְיָשֻׁבוּ	kon + Q jussiv/ impf 3 m pl [שׁוּב]	Und sollen umkehren,
	אִישׁ	m s abs	jeder
	מִדַּרְכּוֹ	präp [מִן] + m s cs [דֶּרֶךְ] + epp 3 m s	von seinem Weg
	הָרָעָה	art + f s abs [רַע]	dem bösen
	וּמִן־	kon + präp [מִן]	und von
	הֶחָמָס	art + m s abs [חָמָס]	der Gewalttat,
8d	אֲשֶׁר	rp	die [ist]
	בְּכַפֵּיהֶם׃	präp [בְּ] + f d cs [כַּף] + epp 3 m pl	in ihren beiden Händflächen.'
9a	מִי־	inter	Wer [ist]
	יוֹדֵעַ	Q ptz m s a abs [ידע]	ein Wissender,
9b	יָשׁוּב	Q impf 3 m s [שׁוּב]	wird er umkehren
9c	וְנִחַם	Ni w-perf 3 m s [נחם]	und wird sich gereuen lassen
	הָאֱלֹהִים	art + m pl abs [אֱלֹהִים]	(der) Gott
9d	וְשָׁב	Q w-perf 3 m s [שׁוּב]	und er wird umkehren

	מֵחֲרוֹן	präp [מִן] + m s cs [חָרוֹן]	von der Glut
	אַפּוֹ	m s cs [אַף] + epp 3 m s	seines Zorns
9e	וְלֹא	kon + neg	und nicht
	נֹאבֵד׃	Q impf 1 c pl [אבד]	werden wir zugrunde gehen?“
10a	וַיַּרְא	Q w-impf 3 m s [ראה]	Und sah
	הָאֱלֹהִים	art + m pl abs [אֱלֹהִים]	der Gott
	אֶת־מַעֲשֵׂיהֶם	akk + m pl cs [מַעֲשֶׂה] + epp 3 m pl	ihre Taten,
10b	כִּי־	kon	dass
	שָׁבוּ	Q perf 3 m pl [שׁוּב]	sie umkehrt waren
	מִדַּרְכָּם	präp [מִן] + m s cs [דֶּרֶךְ] + epp 3 m pl	von ihrem Weg
	הָרָעָה	art + f s abs [רַע]	dem bösen.
10c	וַיִּנָּחֶם	Ni w-impf 3 m s [נחם]	Und ließ sich gereuen
	הָאֱלֹהִים	art + m pl abs [אֱלֹהִים]	der Gott

	עַל-	präp	über
	הָרָעָה	art + f s abs [רָעָה]	das Unheil,
10d	אֲשֶׁר-	rp	des
	דִּבֶּר	Pi perf 3 m s [דבר]	er gesprochen hatte
10e	לַעֲשׂוֹת	präp [לְ] + Q inf cs [עשׂה]	zu tun
	לָהֶם	präp [לְ] + epp 3 m pl	für sie.
10f	וְלֹא	kon + neg	Und nicht
	עָשָׂה׃	Q perf 3 m s [עשׂה]	tat er [es].

Jona 4

ÄE	Text	Bestimmung	Übersetzung
1a	וַיֵּרַע	Q w-impf 3 m s [רעע]	Und es war böse
	אֶל-יוֹנָה	präp + EN	für Jona,
	רָעָה	f s abs	ein Übel,
	גְדוֹלָה	f s abs [גָּדוֹל]	ein großes.

1b	וַיִּחַר	Q w-impf 3 m s [חרה]	Und es entbrannte
	לוֹ׃	präp [לְ] + epp 3 m s	für ihn.
2a	וַיִּתְפַּלֵּל	Hit w-impf 3 m s [פלל]	Und er betete
	אֶל־	präp	zu
	יְהוָה	EN	JHWH.
2b	וַיֹּאמַר	Q w-impf 3 m s [אמר]	Und er sagte:
2c	אָנָּה	par	„Bitte,
	יְהוָה	EN	JHWH!
2d	הֲלוֹא־	inter + neg	[War] nicht
	זֶה	dem m s	dieses
	דְבָרִי	m s cs [דָּבָר] + epp 1 c s	mein Wort,
	עַד־	präp	bis
	הֱיוֹתִי	Q inf cs [היה] + epp 1 c s	mein Sein
	עַל־	präp	in

	אַדְמָתִי	f s cs [אֲדָמָה] + epp 1 c s	meinem Land?
2e	עַל־כֵּן	präp + adv	Deshalb
	קִדַּמְתִּי	Pi perf 1 c s [קדם]	habe ich gedacht,
2f	לִבְרֹחַ	präp [לְ] + Q inf cs [ברח]	zu fliehen
	תַּרְשִׁישָׁה	EN + ה-locale	nach Tarsisch.
2g	כִּי	kon	Denn
	יָדַעְתִּי	Q perf 1 c s [ידע]	ich wusste,
2h	כִּי	kon	dass
	אַתָּה	spp 2 m s	du [bist]
	אֵל־	m s abs	ein Gott
	חַנּוּן	adj m s abs	gnädiger
	וְרַחוּם	kon + m s abs [רַחוּם]	und barmherziger
	אֶרֶךְ	m s cs [אָרֵךְ]	langmütig
	אַפַּיִם	m dual abs [אַף]	[im] Zorn

	וְרַב־	kon + m s cs [רַב]	und groß [an]
	חֶסֶד	m s abs	Verbundenheit
	וְנִחָם	kon + Ni ptz m s abs [נחם]	und ein sich gereuen Lassender
	עַל־	präp	über
	הָרָעָה׃	art + f s abs [רָעָה]	das Unheil.
3a	וְעַתָּה	kon + adv [עַתָּה]	Und nun,
	יְהוָה	EN	JHWH,
	קַח־	Q imp m sg [לקח]	nimm
	נָא	par	doch
	אֶת־נַפְשִׁי	par + f s cs [נֶפֶשׁ] + epp 1 c s	mein Leben
	מִמֶּנִּי	präp [מִן] + epp 1 c s	von mir.
3b	כִּי	kon	Denn
	טוֹב	m s abs	[es ist] besser
	מוֹתִי	m s cs [מָוֶת] + epp 1 c s	mein Tod

	מֵחַיָּי׃	präp [מִן] + m pl cs [חַי] + epp 1 c s	als mein Leben.“
4a	וַיֹּאמֶר	Q w-impf 3 m s [אמר]	Und sagte
	יְהוָה	EN	JHWH:
4b	הַהֵיטֵב	inter + Hi inf abs [יטב]	„Ist es recht,
	חָרָה	Q perf 3 m s [חרה]	das zornig gewesen sein
	לָךְ׃	präp [לְ] + epp 2 m s	für dich?“
5a	וַיֵּצֵא	Q w-impf 3 m s [יצא]	Und es ging hinaus
	יוֹנָה	EN	Jona
	מִן־	präp	aus
	הָעִיר	art + f s abs [עִיר]	der Stadt.
5b	וַיֵּשֶׁב	Q w-impf 3 m s [ישׁב]	Und er setzte sich
	מִקֶּדֶם	präp [מִן] + m s abs [קֶדֶם]	im Osten
	לָעִיר	präp [לְ] + art + f s abs [עִיר]	zu der Stadt.
5c	וַיַּעַשׂ	Q 3 m s w-impf [עשׂה]	Und er machte

	לֹו	präp [לְ] + epp 3 m s	für sich
	שָׁם	adv	dort
	סֻכָּה	f s abs	eine Hütte.
5d	וַיֵּשֶׁב	Q w-impf 3 m s [ישׁב]	Und er setzte sich
	תַּחְתֶּיהָ	präp [תַּחַת] + epp 3 f s	unter ihr
	בַּצֵּל	präp [בְּ] + art + m s abs [צֵל]	im Schatten,
5e	עַד	präp	bis
	אֲשֶׁר	rp	das
	יִרְאֶה	Q impf 3 m s [ראה]	er wird sehen,
5f	מַה־	inter	was
	יִּהְיֶה	Q impf 3 m s [היה]	sein wird
	בָּעִיר׃	präp [בְּ] + art + f s abs [עִיר]	mit der Stadt.
6a	וַיְמַן	Pi w-impf 3 m s [מנה]	Und es bestellte
	יְהוָה־	EN	JHWH,

	אֱלֹהִים	m pl abs	Gott,
	קִיקָיוֹן	m s abs	ein/der Rizinus-strauch
6b	וַיַּעַל	Pi w-impf 3 m s [עלה]	Und er ließ ihn hinaufsteigen
	מֵעַל	präp [מִן] + präp [עַל]	von über
	לְיוֹנָה	präp [לְ] + EN	für Jona,
6c	לִהְיוֹת	präp [לְ] + Q inf cs [היה]	um zu sein
	צֵל	m s abs	ein Schatten
	עַל-	Präp	über
	רֹאשׁוֹ	m s cs [רֹאשׁ] + epp 3 m s	seinem Kopf,
6d	לְהַצִּיל	präp [לְ] + Hi inf cs [נצל]	um zu befreien
	לוֹ	präp [לְ] + epp 3 m s	ihn
	מֵרָעָתוֹ	präp [מִן] + f s cs [רָעָה]+ epp 3 m s	von seinem Übel.
6e	וַיִּשְׂמַח	Q w-impf 3 m s [שׂמח]	Und freute sich
	יוֹנָה	EN	Jona

	עַל־	präp	über
	הַקִּיקָיוֹן	art + m s abs [קִיקָיוֹן]	der Rizinus-strauch
	שִׂמְחָה	f s abs	[mit] eine Freude
	גְדוֹלָה׃	f s abs [גָּדוֹל]	eine große.
7a	וַיְמַן	Pi w-impf 3 m s [מנה]	Und bestellte
	הָאֱלֹהִים	art + m pl abs [אֱלֹהִים]	(der) Gott
	תּוֹלַעַת	f s abs	einen Wurm
	בַּעֲלוֹת	präp [בְּ] + Q inf cs [עלה]	beim Hinaufstei-gen
	הַשַּׁחַר	art + m s abs [שַׁחַר]	der Morgenröte
	לַמָּחֳרָת	präp [לְ] + f s abs [מָחֳרָת]	am folgenden Tag.
7b	וַתַּךְ	Hi w-impf 3 m s [נכה]	Und stach
	אֶת־הַקִּיקָיוֹן	akk + art + m s abs [קִיקָיוֹן]	der Rizinus-strauch,
7c	וַיִּיבָשׁ׃	Q w-impf 3 m s [יבשׁ]	und sie vertrock-nete.
8a	וַיְהִי	Q w-impf 3 m s [היה]	Und es geschah

	כִּזְרֹחַ	kon [כְּ] + Q inf cs [זרח]	beim Aufgang
	הַשֶּׁמֶשׁ	art + f s abs [שֶׁמֶשׁ]	der Sonne.
8b	וַיְמַן	Pi w-impf 3 m s [מנה]	Und bestellte
	אֱלֹהִים	m pl abs	Gott
	רוּחַ	f s cs [רוּחַ]	einen Wind (des)
	קָדִים	m s abs	Ostens
	חֲרִישִׁית	f s abs	glühend heiß.
8c	וַתַּךְ	Hi w-impf 3 m s [נכה]	Und stach
	הַשֶּׁמֶשׁ	art + f s abs [שֶׁמֶשׁ]	die Sonne
	עַל-	präp +	auf
	רֹאשׁ	m s cs [רֹאשׁ]	dem Kopf (des)
	יוֹנָה	EN	Jona,
8d	וַיִּתְעַלָּף	Hit w-impf 3 m s [עלף]	und er sank ohnmächtig nieder.
8e	וַיִּשְׁאַל	Q w-impf 3 m s [שאל]	Und er fragte

	אֶת־נַפְשׁוֹ	akk + f s cs [נֶפֶשׁ] + epp 3 m s	seine Seele
8f	לָמוּת	präp [לְ] + Q inf cs [מוּת]	zu sterben.
8g	וַיֹּאמֶר	Q w-impf 3 m s [אמר]	Und er sagte:
8h	טוֹב	m s abs	„Besser [ist]
	מוֹתִי	m s cs [מָוֶת] + epp 1 c s	mein Tod
	מֵחַיָּי׃	präp [מִן] + m pl cs [חַי] + epp 1 c s	als mein Leben.“
9a	וַיֹּאמֶר	Q w-impf 3 m s [אמר]	Und sagte
	אֱלֹהִים	m pl abs	Gott
	אֶל־יוֹנָה	präp + EN	zu Jona:
9b	הַהֵיטֵב	inter + Hi inf cs [יטב]	„Ist es recht,
	חָרָה־	Q perf 3 m s [חרה]	dass es Zorn war
	לְךָ	präp [לְ] + epp 2 m s	für dich
	עַל־	präp	wegen
	הַקִּיקָיוֹן	art + m s abs [קִיקָיוֹן]	der Rizinusstrauch?“

9c	וַיֹּאמֶר	Q w-impf 3 m s [אמר]	Und er sagte:
9d	הֵיטֵב	Hi inf cs [יטב]	„Mit Recht
	חָרָה־	Q perf 3 m s [חרה]	war es Zorn
	לִי	präp [לְ] + epp 1c s	für mich
	עַד־	präp	bis zum
	מָוֶת׃	m s abs	Tod.“
10a	וַיֹּאמֶר	Q w-impf 3 m s [אמר]	Und sagte
	יְהוָה	EN	JHWH:
10b	אַתָּה	spp 2 m s	„Du
	חַסְתָּ	Q perf 2 m s [חוס]	bist betrübt gewesen
	עַל־	präp	wegen
	הַקִּיקָיוֹן	art + m s abs [קִיקָיוֹן]	der Rizinusstrauch,
10c	אֲשֶׁר	rp	[für] welche
	לֹא־	neg	nicht

	עָמַלְתָּ	Q 2 m s perf [עמל]	du hast gearbeitet
	בּוֹ	präp [בְּ] + epp 3 m s	an ihm,
10d	וְלֹא	kon + neg	und nicht
	גִדַּלְתּוֹ	Pi perf 2 m s [גדל] + epp 3 m s	hast du ihn groß-gezogen.
10e	שֶׁבִּן־	rp [שֶׁ]	Als Tochter [Sohn/Kind]
	לַיְלָה	m s cs [בֵּן] + m s abs	einer Nacht
	הָיָה	Q 3 m s perf [היה]	ist sie gewesen,
10f	וּבִן־	kon + m s cs [בֵּן]	und als Tochter [Sohn/Kind]
	לַיְלָה	m s abs	einer Nacht
	אָבָד׃	Q perf 3 m s [אבד]	ist sie zugrunde gegangen.
11a	וַאֲנִי	spp 1 c s	Und ich,
	לֹא	neg	nicht
	אָחוּס	Q impf 1 c s [חוס]	soll ich betrübt sein
	עַל־	präp	über

	נִינְוֵה	EN	Ninive
	הָעִיר	art + f s abs [עִיר]	die Stadt,
	הַגְּדוֹלָה	art + f s abs [גָּדוֹל]	die große,
11b	אֲשֶׁר	rp	wo
	יֶשׁ־	adv	es gibt
	בָּהּ	präp [בְּ] + epp 3 f s	in ihr
	הַרְבֵּה	Hi inf abs [רבה]	mehr sein
	מִשְׁתֵּים־	präp [מִן] + f dual abs [שְׁנַיִם]	als zwei
	עֶשְׂרֵה	adj f s abs	zehn
	רִבּוֹ	f s abs [רִבּוֹא]	tausende
	אָדָם	m s abs	Mensch,
11c	אֲשֶׁר	rp	welche
	לֹא־	neg	nicht
	יָדַע	Q perf 3 m s [ידע]	wissen

בֵּין־	präp	zwischen
יְמִינוֹ	f s cs [יָמִין] + epp 3 m s	ihrer rechten Hand
לִשְׂמֹאלוֹ	präp [לְ] + m s cs [שְׂמֹאל] + epp 3 m s	und ihrer linken Hand
וּבְהֵמָה	kon + m s cs [בְּהֵמָה]	und einer Menge (der)
רַבָּה׃	f s abs	Tiere?“

Tabellen

epp mit Präpositionen

		לְ	für	בְּ	in	כְּ	wie
Singular	1 c	לִי	für mich	בִּי	in mir	כָּמוֹנִי	wie ich
	2 m	(לְכָה) לְךָ	für dich	בְּךָ	in dir	כָּמוֹךָ	wie du
	2 f	לָךְ		בָּךְ		כָּמוֹהוּ	
	3 m	לוֹ	für ihn	בּוֹ	in ihm	כָּמוֹהוּ	wie er
	3 f	לָהּ	für sie	בָּהּ	in ihr	כָּמוֹהָ	wie sie

Plural	1 c	לָנוּ	für uns	בָּנוּ	in uns	כָּמוֹנוּ	wie wir
	2 m	לָכֶם	für euch	בָּכֶם	in euch	כָּכֶם	wie ihr
	3 m	לָהֶם	für sie	בָּהֶם	in ihnen	כָּהֶם	wie sie
	3 f	לָהֶן		בָּהֶן		כָּהֵנָּה	

		מִן	von	אֵת/אֶת־	bei	אֵת	akk
Singular	1 c	מִמֶּנִּי	von mir	אִתִּי	bei mir	אֹתִי	mich
	2 m	מִמְּךָ	von dir	אִתְּךָ	bei dir	אֹתְךָ	dich
	2 f	מִמֵּךְ		אִתָּךְ		אֹתָךְ	
	3 m	מִמֶּנּוּ	von ihm	אִתּוֹ	bei ihm	אֹתוֹ	ihn
	3 f	מִמֶּנָּה	von ihr	אִתָּהּ	bei ihr	אֹתָהּ	sie
Plural	1 c	מִמֶּנּוּ	von uns	אִתָּנוּ	bei uns	אֹתָנוּ	uns
	2 m	מִכֶּם	von euch	אִתְּכֶם	bei euch	אֶתְכֶם	euch
	3 m	מֵהֶם	von ihnen	אִתָּם	bei ihnen	אֹתָם	sie
	3 f	מֵהֵנָּה				אֶתְהֶן	

		לִפְנֵי	vor			לִפְנֵי	vor
Singular	1 c	לְפָנַי	vor mir	Plural	1 c	לְפָנֵינוּ	vor uns
	2 m	לְפָנֶיךָ	vor dir		2 m	לִפְנֵיכֶם	vor euch
	3 m	לְפָנָיו	vor ihm		3 m	לִפְנֵיהֶם	vor ihnen
	3 f	לְפָנֶיהָ	vor ihr				

		עַד	bis	אַחֲרֵי	hinter
Singular	1 c	עָדַי	bis zu mir	אַחֲרַי	hinter mir
	2 m	עָדֶיךָ	bis zu dir	אַחֲרֶיךָ	hinter dir
	2 f			אַחֲרַיִךְ	
	3 m	עָדָיו	bis zu ihm	אַחֲרָיו	hinter ihm
	3 f	עָדֶיהָ	bis zu ihr	אַחֲרֶיהָ	hinter ihr
Plural	1 c			אַחֲרֵינוּ	hinter uns
	2 m	עֲדֵיכֶם	bis zu euch	אַחֲרֵיכֶם	hinter euch
	3 m			אַחֲרֵיהֶם	hinter ihnen
	3 f			אַחֲרֵיהֶן	

		בֵּין	zwischen	תַּחַת	unter
Singular	1 c	בֵּינִי	zwischen mir	תַּחְתַּי	unter mir
	2 m	בֵּינְךָ	zwischen dir	תַּחְתֶּיךָ	unter dir
	2 f	בֵּינֵךְ			
	3 m	בֵּינוֹ	zwischen ihm	תַּחְתָּיו	unter ihm
	3 f			תַּחְתֶּיהָ	unter ihr
Plural	1 c	בֵּינֵינוּ	zwischen uns	תַּחְתֵּינוּ	unter uns
	2 m	בֵּינֵיכֶם	zwischen euch	תַּחְתֵּיכֶם	unter euch
	3 m	בֵּינֵיהֶם	zwischen ihnen	תַּחְתֵּיהֶם	unter ihnen
	3 f			תַּחְתֵּיהֶן	

		עִם	mit	אֶל־	zu	עַל	auf
Singular	1 c	עִמִּי	mit mir	אֵלַי	zu mir	עָלַי	auf mir
	2 m	עִמְּךָ	mit dir	אֵלֶיךָ	zu dir	עָלֶיךָ	auf dir
	2 f	עִמָּךְ		אֵלַיִךְ		עָלַיִךְ	
	3 m	עִמּוֹ	mit ihm	אֵלָיו	zu ihm	עָלָיו	auf ihm
	3 f	עִמָּהּ	mit ihr	אֵלֶיהָ	zu ihr	עָלֶיהָ	auf ihr
Plural	1 c	עִמָּנוּ	mit uns	אֵלֵינוּ	zu uns	עָלֵינוּ	auf uns
	2 m	עִמָּכֶם	mit euch	אֲלֵיכֶם	zu euch	עֲלֵיכֶם	auf euch
	2 f			אֲלֵיכֶן		עֲלֵיכֶן	
	3 m	עִמָּם	mit ihnen	אֲלֵיהֶם	zu ihnen	עֲלֵיהֶם	auf ihnen
	3 f			אֲלֵיהֶן		עֲלֵיהֶן	

Starke Verben

		Qal	Ni	Pi	Pu	Hit	Hi	Ho
perf singular	3 m	כָּתַב	נִכְתַּב	כִּתֵּב	כֻּתַּב	הִתְכַּתֵּב	הִכְתִּיב	הָכְתַּב
	3 f	כָּתְבָה	נִכְתְּבָה	כִּתְּבָה	כֻּתְּבָה	הִתְכַּתְּבָה	הִכְתִּיבָה	הָכְתְּבָה
	2 m	כָּתַבְתָּ	נִכְתַּבְתָּ	כִּתַּבְתָּ	כֻּתַּבְתָּ	הִתְכַּתַּבְתָּ	הִכְתַּבְתָּ	הָכְתַּבְתָּ
	2 f	כָּתַבְתְּ	נִכְתַּבְתְּ	כִּתַּבְתְּ	כֻּתַּבְתְּ	הִתְכַּתַּבְתְּ	הִכְתַּבְתְּ	הָכְתַּבְתְּ
	1 c	כָּתַבְתִּי	נִכְתַּבְתִּי	כִּתַּבְתִּי	כֻּתַּבְתִּי	הִתְכַּתַּבְתִּי	הִכְתַּבְתִּי	הָכְתַּבְתִּי
perf plural	3 c	כָּתְבוּ	נִכְתְּבוּ	כִּתְּבוּ	כֻּתְּבוּ	הִתְכַּתְּבוּ	הִכְתִּיבוּ	הָכְתְּבוּ
	2 m	כְּתַבְתֶּם	נִכְתַּבְתֶּם	כִּתַּבְתֶּם	כֻּתַּבְתֶּם	הִתְכַּתַּבְתֶּם	הִכְתַּבְתֶּם	הָכְתַּבְתֶּם
	2 f	כְּתַבְתֶּן	נִכְתַּבְתֶּן	כִּתַּבְתֶּן	כֻּתַּבְתֶּן	הִתְכַּתַּבְתֶּן	הִכְתַּבְתֶּן	הָכְתַּבְתֶּן
	1 c	כָּתַבְנוּ	נִכְתַּבְנוּ	כִּתַּבְנוּ	כֻּתַּבְנוּ	הִתְכַּתַּבְנוּ	הִכְתַּבְנוּ	הָכְתַּיבְנוּ

		Qal	Ni	Pi	Pu	Hit	Hi	Ho
impf singular	3 m	יִכְתֹּב	יִכָּתֵב	יְכַתֵּב	יְכֻתַּב	יִתְכַּתֵּב	יַכְתִּיב	יָכְתַּב
	3 f	תִּכְתֹּב	תִּכָּתֵב	תְּכַתֵּב	תְּכֻתַּב	תִּתְכַּתֵּב	תַּכְתִּיב	תָּכְתַּב
	2 m	תִּכְתֹּב	תִּכָּתֵב	תְּכַתֵּב	תְּכֻתַּב	תִּתְכַּתֵּב	תַּכְתִּיב	תָּכְתַּב
	2 f	תִּכְתְּבִי	תִּכָּתְבִי	תְּכַתְּבִי	תְּכֻתְּבִי	תִּתְכַּתְּבִי	תַּכְתִּיבִי	תָּכְתְּבִי
	1 c	אֶכְתֹּב	אֶכָּתֵב	אֲכַתֵּב	אֲכֻתַּב	אֶתְכַּתֵּב	אַכְתִּיב	אָכְתַּב
impf plural	3 m	יִכְתְּבוּ	יִכָּתְבוּ	יְכַתְּבוּ	יְכֻתְּבוּ	יִתְכַּתְּבוּ	יַכְתִּיבוּ	יָכְתְּבוּ
	3 f	תִּכְתֹּבְנָה	תִּכָּתַבְנָה	תְּכַתֵּבְנָה	תְּכֻתַּבְנָה	תִּתְכַּתֵּבְנָה	תַּכְתֵּבְנָה	תָּכְתַּבְנָה
	2 m	תִּכְתְּבוּ	תִּכָּתְבוּ	תְּכַתְּבוּ	תְּכֻתְּבוּ	תִּתְכַּתְּבוּ	תַּכְתִּיבוּ	תָּכְתְּבוּ
	2 f	תִּכְתֹּבְנָה	תִּכָּתַבְנָה	תְּכַתֵּבְנָה	תְּכֻתַּבְנָה	תִּתְכַּתֵּבְנָה	תַּכְתֵּבְנָה	תָּכְתַּבְנָה
	1 c	נִכְתֹּב	נִכָּתֵב	נְכַתֵּב	נְכֻתַּב	נִתְכַּתֵּב	נַכְתִּיב	נָכְתַּב

		Qal	Ni	Pi	Pu	Hit	Hi	Ho
w-impf 3 m s		וַיִּכְתֹּב	וַיִּכָּתֵב	וַיְכַתֵּב	וַיְכֻתַּב	וַיִּתְכַּתֵּב	וַיַּכְתֵּב	וַיָּכְתַּב
		Qal	Ni	Pi	Pu	Hit	Hi	Ho
impt	m s	כְּתֹב	הִכָּתֵב	כַּתֵּב		הִתְכַּתֵּב	הַכְתֵּב	
	f s	כִּתְבִי	הִכָּתְבִי	כַּתְּבִי		הִתְכַּתְּבִי	הַכְתִּיבִי	
	m p	כִּתְבוּ	הִכָּתְבוּ	כַּתְּבוּ		הִתְכַּתְּבוּ	הַכְתִּיבוּ	
	f p	כְּתֹבְנָה	הִכָּתַבְנָה	כַּתֵּבְנָה		הִתְכַּתֵּבְנָה	הַכְתֵּבְנָה	
		Qal	Ni	Pi	Pu	Hit	Hi	Ho
inf	abs	כָּתוֹב	הִכָּתֵב	כַּתֵּב	כֻּתֹּב	הִתְכַּתֵּב	הַכְתֵּב	
	cs	כְּתֹב	הִכָּתֵב	כַּתֵּב		הִתְכַּתֵּב	הַכְתִּיב	הָכְתַּב
ptz	s a	כֹּתֵב		מְכַתֵּב		מִתְכַּתֵּב	מַכְתִּיב	
	s p	כָּתוּב	נִכְתָּב		מְכֻתָּב			מָכְתָּב

Verben mit einem נ als erstem Radikal und לקח

			נפל Q (fallen)	נגש (sich nähern)			לקח Q (nehmen)
				Nif	Hif	Hof	
Perf	Singular	3 m	regelmäßig	נִגַּשׁ	הִגִּישׁ	הֻגַּשׁ	regelmäßig
Perf	Singular	3 f	regelmäßig	נִגְּשָׁה	הִגִּישָׁה	הֻגְּשָׁה	regelmäßig
Perf	Singular	2 m	regelmäßig	נִגַּשְׁתָּ	הִגַּשְׁתָּ	הֻגַּשְׁתָּ	regelmäßig
Perf	Singular	2 f	regelmäßig	נִגַּשְׁתְּ	הִגַּשְׁתְּ	הֻגַּשְׁתְּ	regelmäßig
Perf	Singular	1 c	regelmäßig	נִגַּשְׁתִּי	הִגַּשְׁתִּי	הֻגַּשְׁתִּי	regelmäßig
Perf	Plural	3 c	regelmäßig	נִגְּשׁוּ	הִגִּישׁוּ	הֻגְּשׁוּ	regelmäßig
Perf	Plural	2 m	regelmäßig	נִגַּשְׁתֶּם	הִגַּשְׁתֶּם	הֻגַּשְׁתֶּם	regelmäßig
Perf	Plural	2 f	regelmäßig	נִגַּשְׁתֶּן	הִגַּשְׁתֶּן	הֻגַּשְׁתֶּן	regelmäßig
Perf	Plural	1 c	regelmäßig	נִגַּשְׁנוּ	הִגַּשְׁנוּ	הֻגַּשְׁנוּ	regelmäßig
Impf	Singular	3 m	יִפֹּל	regelmäßig	יַגִּישׁ	יֻגַּשׁ	יִקַּח
Impf	Singular	3 f	תִּפֹּל	regelmäßig	תַּגִּישׁ	תֻּגַּשׁ	תִּקַּח
Impf	Singular	2 m	תִּפֹּל	regelmäßig	תַּגִּישׁ	תֻּגַּשׁ	תִּקַּח
Impf	Singular	2 f	תִּפְּלִי	regelmäßig	תַּגִּישִׁי	תֻּגְּשִׁי	תִּקְחִי
Impf	Singular	1 c	אֶפֹּל	regelmäßig	אַגִּישׁ	אֻגַּשׁ	אֶקַּח

Impf Plural	3 m	יִפְּלוּ	regelmäßig	יַגִּישׁוּ	יֻגְּשׁוּ	יִקְחוּ
	3 f	תִּפֹּלְנָה		תַּגֵּשְׁנָה	תֻּגַּשְׁנָה	תִּקַּחְנָה
	2 m	תִּפְּלוּ		תַּגִּישׁוּ	תֻּגְּשׁוּ	תִּקְחוּ
	2 f	תִּפֹּלְנָה		תַּגֵּשְׁנָה	תֻּגַּשְׁנָה	תִּקַּחְנָה
	1c	נִפֹּל		נַגִּישׁ	נֻגַּשׁ	נִקַּח
w-impf		וַיִּפֹּל		וַיַּגֵּשׁ	וַיֻּגַּשׁ	וַיִּקַּח
Impt	m s	regelmäßig	regelmäßig	הַגֵּשׁ		קַח
	f s			הַגִּשִׁי		קְחִי
	m pl			הַגִּשׁוּ		קְחוּ
	f pl			הַגֵּשְׁנָה		
Inf	abs	regelmäßig	regelmäßig	הַגֵּשׁ	הֻגַּשׁ	קוֹחַ
	cs			הַגִּישׁ	הֻגַּשׁ	לָקַחַת
Ptz	a s	regelmäßig	נִגַּשׁ	מַגִּישׁ		לֹקֵחַ
	p s				מֻגַּשׁ	לָקוּחַ

Verben mit einem י oder einem ו als erstem Radikal und הלךְ

		יטב (gut sein)		ישב (wohnen)				הלךְ (gehen)	
		Q	Hif	Q	Nif	Hif	Hof	Qal	Hif
Perf Singular	3 m	regelmäßig	הֵיטִיב	regelmäßig	נוֹשַׁב	הוֹשִׁיב	הוּשַׁב	regelmäßig	הוֹלִיךְ
	3 f		הֵיטִיבָה		נוֹשְׁבָה	הוֹשִׁיבָה	הוּשְׁבָה		
	2 m		הֵיטַבְתָּ		נוֹשַׁבְתָּ	הוֹשַׁבְתָּ	usw.		
	2 f		הֵיטַבְתְּ		נוֹשַׁבְתְּ	הוֹשַׁבְתְּ			
	1 c		הֵיטַבְתִּי		נוֹשַׁבְתִּי	הוֹשַׁבְתִּי			
Perf Plural	3 c	regelmäßig	הֵיטִיבוּ	regelmäßig	נוֹשְׁבוּ	הוֹשִׁיבוּ		regelmäßig	
	2 m		הֵיטַבְתֶּם		נוֹשַׁבְתֶּם	הוֹשַׁבְתֶּם			
	2 f		הֵיטַבְתֶּן		נוֹשַׁבְתֶּן	הוֹשַׁבְתֶּן			
	1 c		הֵיטַבְנוּ		נוֹשַׁבְנוּ	הוֹשַׁבְנוּ			

		יטב (gut sein)		ישב (wohnen)				הלך (gehen)	
		Q	Hif	Q	Nif	Hif	Hof	Qal	Hif
Impf Singular	3 m	יִיטַב	יֵיטִיב	יֵשֵׁב	יִוָּשֵׁב	יוֹשִׁיב	יוּשַׁב	יֵלֵךְ	יוֹלִיךְ
	3 f	תִּיטַב	תֵּיטִיב	תֵּשֵׁב	תִּוָּשֵׁב	תּוֹשִׁיב	תּוּשַׁב	תֵּלֵךְ	
	2 m	תִּיטַב	תֵּיטִיב	תֵּשֵׁב	תִּוָּשֵׁב	תּוֹשִׁיב	תּוּשַׁב	תֵּלֵךְ	
	2 f	תִּיטְבִי	תֵּיטִיבִי	תֵּשְׁבִי	תִּוָּשְׁבִי	תּוֹשִׁיבִי	תּוּשְׁבִי	תֵּלְכִי	
	1 c	אִיטַב	אֵיטִב	אֵשֵׁב	אִוָּשֵׁב	אוֹשִׁיב	אוּשַׁב	אֵלֵךְ	אוֹלִיךְ
Impf Plural	3 m	יִיטְבוּ	יֵיטִיבוּ	יֵשְׁבוּ	יִוָּשְׁבוּ	יוֹשִׁיבוּ	יוּשְׁבוּ	יֵלְכוּ	יוֹלִיכוּ
	3 f	תִּיטַבְנָה	תֵּיטֵבְנָה	תֵּשַׁבְנָה	תִּוָּשֵׁבְנָה	תּוֹשִׁבְנָה	תּוּשַׁבְנָה	תֵּלַכְנָה	
	2 m	תִּיטְבוּ	תֵּיטִבוּ	תֵּשְׁבוּ	תִּוָּשְׁבוּ	תּוֹשִׁיבוּ	תּוּשְׁבוּ	תֵּלְכוּ	
	2 f	תִּיטַבְנָה	תֵּיטֵבְנָה	תֵּשַׁבְנָה	תִּוָּשֵׁבְנָה	תּוֹשִׁבְנָה	תּוּשַׁבְנָה	תֵּלַכְנָה	
	1 c	נִיטַב	נֵיטִב	נֵשֵׁב	נִוָּשֵׁב	נוֹשִׁיב	נוּשַׁב	נֵלֵךְ	

		יטב (gut sein)		ישב (wohnen)				הלך (gehen)	
		Q	Hif	Q	Nif	Hif	Hof	Qal	Hif
w-impf		וַיִּיטַב	וַיֵּיטֶב	וַיֵּשֶׁב	וַיִּוָּשֵׁב	וַיּוֹשֶׁב	וַיּוּשַׁב	וַיֵּלֶךְ	וַיּוֹלֶךְ
Impt	m s	יְטַב	הֵיטֵב	שֵׁב	הִוָּשֵׁב	הוֹשֵׁב		לֵךְ לְכָה	הוֹלֵךְ
	f s	יִטְבִי	הֵיטִיבִי	שְׁבִי	הִוָּשְׁבִי	הוֹשִׁיבִי		לְכִי	
	m pl	יִטְבוּ	הֵיטִיבוּ	שְׁבוּ	הִוָּשְׁבוּ	הוֹשִׁיבוּ		לְכוּ	
	f pl	יְטַבְנָה	הֵיטֵבְנָה	שֵׁבְנָה	הִוָּשֵׁבְנָה	הוֹשֵׁבְנָה		לֵכְנָה	
Inf	abs	יָטוֹב	הֵיטֵב	יָשׁוֹב	הִוָּשֹׁב	הוֹשֵׁב		הָלוֹךְ	
	cs	יְטֹב	הֵיטִיב	שֶׁבֶת	הִוָּשֵׁב	הוֹשִׁיב	הוּשַׁב	לֶכֶת	הוֹלִיךְ
Ptz	a s	יֹטֵב	מֵיטִיב	יֹשֵׁב		מוֹשִׁיב		הֹלֵךְ	מוֹלִיךְ
	p s			יָשׁוּב	נוֹשָׁב		מוּשָׁב		

Verben mit einem ו oder י an der zweiten Stelle

		קוּם (aufstehen)			בּוֹא (kom-men)	מוּת (sterben)	שִׂים (setzen)
		Q	Nif	Hif	Q		
Perf Singular	3 m	קָם	נָקוֹם	הֵקִים	בָּא	מֵת	שָׂם
	3 f	קָמָה	נָקוֹמָה	הֵקִימָה	בָּאָה	מֵתָה	שָׂמָה
	2 m	קַמְתָּ	נְקוּמוֹתָ	הֲקִימוֹתָ	בָּאתָ	מַתָּה	שַׂמְתָּ
	2 f	קַמְתְּ	נְקוּמוֹת	הֲקִימוֹת	בָּאת		שַׂמְתְּ
	1 c	קַמְתִּי	נְקוּמוֹתִי	הֲקִימוֹתִי	בָּאתִי	מַתִּי	שַׂמְתִּי
Perf Plural	3 c	קָמוּ	נָקוֹמוּ	הֵקִימוּ	בָּאוּ	מֵתוּ	שָׂמוּ
	2 m	קַמְתֶּם	נְקוּמוֹתֶם	הֲקִימוֹתֶם	בָּאתֶם		שַׂמְתֶּם
	2 f	קַמְתֶּן	נְקוּמוֹתֶן	הֲקִימוֹתֶן	בָּאתֶן		שַׂמְתֶּן
	1 c	קַמְנוּ	נְקוּמוֹנוּ	הֲקִימוֹנוּ	בָּאנוּ	מַתְנוּ	שַׂמְנוּ

			קוּם (aufstehen)			בּוֹא (kom-men)	מוּת (sterben)	שִׂים (setzen)
			Q	Nif	Hif	Q		
Impf	Singular	3 m	יָקוּם	יִקּוֹם	יָקִים	יָבוֹא	יָמוּת	יָשִׂיםיָשֵׂם
		3 f	תָּקוּם	תִּקּוֹם	תָּקִים	תָּבוֹא	תָּמוּת	תָּשִׂים
		2 m	תָּקוּם	תִּקּוֹם	תָּקִים	תָּבוֹא	תָּמוּת	תָּשִׂים
		2 f	תָּקוּמִי	תִּקּוֹמִי	תָּקִימִי	תָּבֹאִי	תָּמוּתִי	תָּשִׂימִי
		1 c	אָקוּם	אֶקּוֹם	אָקִים	אָבוֹא	אָמוּת	אָשִׂים
Impf	Plural	3 m	יָקוּמוּ	יִקּוֹמוּ	יָקִימוּ	יָבֹאוּ	יָמוּתוּ	יָשִׂימוּ
		3 f	תְּקוּמֶינָה	תִּקֹּמְנָה	תְּקִימֶינָה	תָּבֹאנָה	תְּמוּתֶינָה	תָּשֵׂמְנָה
		2 m	תָּקוּמוּ	תִּקּוֹמוּ	תָּקִימוּ	תָּבֹאוּ	תָּמוּתוּ	תָּשִׂימוּ
		2 f	תְּקוּמֶינָה	תִּקֹּמְנָה	תְּקִימֶינָה	תָּבֹאנָה	תְּמוּתֶינָה	תָּשֵׂמְנָה
		1 c	נָקוּם	נִקּוֹם	נָקִים	נָבוֹא	נָמוּת	נָשִׂים

		קוּם (aufstehen)			בּוֹא (kom-men)	מוֹת (sterben)	שִׂים (setzen)
		Q	Nif	Hif	Q		
w-impf		וַיָּקוּם		וַיָּקֶם	וַיָּבֹא	וַיָּמָת	וַיָּשֶׂם
Impt	m s	קוּם	הִקּוֹם	הָקֵם	בֹּא	מֻת	שִׂים
	f s	קוּמִי	הִקּוֹמִי	הָקִימִי	בֹּאִי		שִׂימִי
	m pl	קוּמוּ	הִקּוֹמוּ	הָקִימוּ	בֹּאוּ		שִׂימוּ
	f pl	קֹמְנָה	הִקֹּמְנָה	הָקֵמְנָה			שֵׂמְנָה
Inf	abs	קוֹם	הִקּוֹם	הָקֵם	בּוֹא	מוֹת	שׂוֹם
	cs	קוּם	הִקּוֹם	הָקִים	בּוֹא	מוּת	שִׂים
Ptz	a s	קָם		מֵקִים	בָּא	מֵת	שָׂם
	p s	קוּם	נָקוֹם				שִׂים

Die wichtigsten schwachen Verben

		Perf	Impf	w-Impf	Impt	Inf
אכל	essen	אָכַל	יֹאכַל	וַיֹּאכַל	אֱכֹל	אֱכֹל
אמר	sprechen	אָמַר	יֹאמַר	וַיֹּאמֶר	אֱמֹר	אֱמֹר
בוא	kommen	בָּא	יָבֹא	וַיָּבֹא	בּוֹא	בּוֹא
היה	sich	הָיָה	יִהְיֶה	וַיְהִי	הֱיֵה	הֱיוֹת
הלך	gehen	הָלַךְ	יֵלֵךְ	וַיֵּלֵךְ	לֵךְ	לֶכֶת
ידע	wissen	יָדַע	יֵדַע	וַיֵּדַע	דַּע	דַּעַת
יכל	können	יָכֹל	יוּכַל	וַיּוּכַל		יְכֹלֶת
ילד	gebären	יָלַד	יֵלֵד	וַיֵּלֵד		לֶדֶת
יצא	hinaus-gehen	יָצָא	יֵצֵא	וַיֵּצֵא	צֵא	צֵאת
ירא	fürchten	יָרֵא	יִירָא	וַיִּירָא	יְרָא	יִרְאָה
ירד	hinun-tergehen	יָרַד	יֵרֵד	וַיֵּרֶד	רֵד	רֶדֶת
ישב	wohnen	יָשַׁב	יֵשֵׁב	וַיֵּשֶׁב	שֵׁב	שֶׁבֶת
לקח	nehmen	לָקַח	יִקַּח	וַיִּקַּח	קַח	קַחַת
מות	sterben	מֵת	יָמוּת	וַיָּמָת	מֻת	מוּת
מצא	finden	מָצָא	יִמְצָא	וַיִּמְצָא	מְצָא	מְצֹא
נטה	neigen	נָטָה	יִטֶּה	וַיֵּט	נְטֵה	נְטוֹת
נכה	hi schla-gen	הִכָּה	יַכֶּה	וַיַּךְ	הַךְ	הַכּוֹת

נפל	fallen	נָפַל	יִפֹּל	וַיִּפֹּל	נְפֹל	נְפֹל
נשׂא	tragen	נָשָׂא	יִשָּׂא	וַיִּשָּׂא	שָׂא	שְׂאֵת
נתן	geben	נָתַן	יִתֵּן	וַיִּתֵּן	תֵּן	תֵּת
סבב	sich wenden	סָבַב	יָסֹב	וַיָּסָב	סֹב	סֹב
עלה	hinaufgehen	עָלָה	יַעֲלֶה	וַיַּעַל	עֲלֵה	עֲלוֹת
ענה	antworten	עָנָה	יַעֲנֶה	וַיַּעַן	עֲנֵה	עֲנוֹת
עשׂה	machen	עָשָׂה	יַעֲשֶׂה	וַיַּעַשׂ	עֲשֵׂה	עֲשׂוֹת
צוה	pi befehlen	צִוָּה	יְצַוֶּה	וַיְצַו	צַוֵּה	צַוּוֹת
קום	aufstehen	קָם	יָקוּם	וַיָּקָם	קוּם	קוּם
קרא	rufen	קָרָא	יִקְרָא	וַיִּקְרָא	קְרָא	קְרֹא
ראה	sehen	רָאָה	יִרְאֶה	וַיַּרְא	רְאֵה	רְאוֹת
שׂים	stellen	שָׂם	יָשִׂים	וַיָּשֶׂם	שִׂים	שׂוּם
שׁוב	umkehren	שָׁב	יָשׁוּב	וַיָּשָׁב	שׁוּב	שׁוּב

Die wichtigsten unregelmäßigen Nomina

Die folgenden Nomina bilden ca. 1/6 des Gesamtbestandes der Substantive im ganzen Alten Testamament. Vor allem ihre **Pluralbildung ist nicht regelmäßig**.

	Singular			Plural		
	abs	cs	+ epp 1 cs	abs	cs	+ epp 1 cs
Vater	אָב	אֲבִי	אָבִי	אָבוֹת	אֲבוֹת	אֲבֹתַי
Mutter	אֵם	אֵם	אִמִּי	אִמּוֹת	אִמּוֹת	אִמֹּתַי
Bruder	אָח	אֲחִי	אָחִי	אַחִים	אֲחֵי	אַחַי
Schwester	אָחוֹת	אֲחוֹת	אֲחֹתִי			אַחְיֹתַי
Mann	אִישׁ	אִישׁ	אִישִׁי	אֲנָשִׁים	אַנְשֵׁי	אֲנָשַׁי
Frau	אִשָּׁה	אֵשֶׁת	אִשְׁתִּי	נָשִׁים	נְשֵׁי	נָשַׁי
Magd	אָמָה	אֲמַת	אֲמָתִי	אֲמָהוֹת	אַמְהוֹת	אַמְהֹתַי
Sohn	בֵּן	בֶּן	בְּנִי	בָּנִים	בְּנֵי	בָּנַי
Tochter	בַּת	בַּת	בִּתִּי	בָּנוֹת	בְּנוֹת	בְּנֹתַי
Haus	בַּיִת	בֵּית	בֵּיתִי	בָּתִּים	בָּתֵּי	בָּתַּי
Tag	יוֹם	יוֹם	יוֹמִי	יָמִים	יְמֵי	יָמַי
Kopf	רֹאשׁ	רֹאשׁ	רֹאשִׁי	רָאשִׁים	רָאשֵׁי	רָאשַׁי
Name	שֵׁם	שֵׁם/ שֶׁם־	שְׁמִי	שֵׁמוֹת	שְׁמוֹת	

Stadt	עִיר	עִיר	עִירִי	עָרִים	עָרֵי	עָרַי
Mund	פֶּה	פִּי	פִּי			
Wasser				מַיִם	מֵימֵי/ מֵי	מֵימַי
Himmel				שָׁמַיִם	שְׁמֵי	

Vokabelverzeichnis

Verzeichnet sind alle Vokabeln, die im Buch Jona vorkommen.

א

אבד	zugrunde gehen
אָדָם	Mensch, Menschen, Adam
אֲדָמָה	Erde, Land, Erdboden
אַדֶּרֶת	Mantel
אוּלַי	vielleicht
אֶחָד	eins
אֵי	wo?
אַיִן	es gibt nicht
אִישׁ	Mann
אַךְ	aber
אַל	nicht!
אֵל	Gott
אֶל	zu, nach, auf
אֱלֹהִים	Gott, Götter
אמן	Hi glauben
אמר	sagen, sprechen
אֲמִתַּי	Amittai
אָנָּה	Bitte
אֲנַחְנוּ	wir
אֲנִי	ich
אֳנִיָּה	Schiff (f)
אָנֹכִי	ich
אֲנָשִׁים	Männer (pl)
אסף	Hi hinzufügen
אַף	Nase, Zorn
אפף	umgeben
אֵפֶר	Staub
אַרְבַּע	vier
אֶרֶךְ	langmütig
אֶרֶץ	Erde, Land
אֲשֶׁר	Relativpronomen
אֵת/אֶת	mit, bei, Akkusativ-Zeichen
אַתָּה	du (m s)

ב

־בְּ	in, mit, durch, auf (Präfix)
בְּהֵמָה	Tier, Tiere
בּוֹא	kommen, gehen
בֶּטֶן	Schoß
בֵּין	zwischen
בלע	verschlingen
בֵּן	Sohn, Kind
בַּעַד	hinter
בָּקָר	Rind, Rindvieh
ברח	entfliehen, fliehen
בְּרִיחַ	Riegel

ג

גָּדוֹל	groß
גדל	Pi groß machen/ziehen
גּוֹרָל	Los, Geschick
גַּל	Welle
גרשׁ	Ni vertrieben werden

ד

דבר	Pi reden
דָּבָר	Wort, Sache
דָּג	Fisch
דָּגָה	Fisch
דָּם	Blut
דֶּרֶךְ	Weg, Reise, Straße

ה

־הַ/־הָ/־הֶ	der, die, das
־הֲ/־הַ	Fragepartikel
הֶבֶל	Windhauch, Götze
הוּא	er
הִיא	sie (f)
היה	sein, werden
הֵיכָל	Tempel
הלך	gehen
הֵמָּה	sie (m pl)
הפך	Ni wenden, drehen, verwandeln
הַר	Berg
הַרְבֵּה	mehr

ו

וְ־ und, aber, oder (Präfix)

ז

זֹאת diese (f s)

זבח opfern, darbringen

זֶבַח Schlachtopfer

זֶה dieser (m s)

זכר sich erinnern

זעף wüten

זעק schreien

זרח aufgehen (Sonne)

ח

חֹבֵל Matrose

חבשׁ binden, schlingen

חוּס betrübt sein

חָזְקָה Kraft, Stärke

חַי Leben

חלל Hi anfangen

חָמָס Gewalttat

חַנּוּן gnädig

חֶסֶד Güte, Treue, Gnade, Verbundenheit

חפץ Gefallen haben, gefallen

חרה entbrennen, zornig werden/sein

חשׁב denken, planen, Pi drohen

חתר rudern

חָרוֹן Glut

ט

טוֹב gut, schön

טוּל Hi werfen

טעם kosten

טַעַם königliches Gutachten, Edikt

י

יבֹשׁ vertrocknen

יַבָּשָׁה trockenes Land

ידע wissen, (er-)kennen

יְהוָה JHWH

יוֹם Tag

יוֹנָה Jona

יטב Hi gut handeln, recht sein

יכל können

יָם	Meer
יָמִין	rechte Hand/Seite
יָפוֹ	Jafo
יסף	Hi fortfahren
יצא	hinausgehen
ירא	fürchten
יָרֵא	(sich) fürchtend
יִרְאָה	Furcht
ירד	hinabgehen
יְרֵכָה	Seite, Flanke
יֵשׁ	es gibt
ישׁב	sitzen, wohnen, bleiben
יְשׁוּעָה	Rettung, Heil

כ

כְּ-	wie (Präfix)
כַּאֲשֶׁר	wie, als, weil
כָּל	Gesamtheit, ganz, alle, jeder
כִּי	dass, denn, weil, wenn, ja (!)
כְּלִי	Gerät
כֵּן	so
כסה	Pi bedecken, verhüllen Hit sich verhüllen
כִּסֵּא	Thron, Sessel
כַּף	Hand, Handfläche
כרת	schneiden
כתב	schreiben

ל

לְ-	für, zu, nach … hin (Präfix)
לֹא	nicht
לֵבָב	Herz
לבשׁ	anziehen, bekleiden
לַיְלָה	Nacht
לִפְנֵי	vor
לקח	nehmen

מ

מְאוּמָה	irgendetwas
מַה	was?
מַהֲלָךְ	Reise
מות	sterben
מָוֶת	Tod
מָחֳרָת	folgender Tag
מִי	wie?
מַיִם	Wasser

מְלָאכָה	Arbeit, Beschäftigung
מַלָּח	Seemann
מֶלֶךְ	König
מִן	von, als (Komparativ)
מנה	Pi bestellen
מֵעֶה	Inneres
מַעֲשֶׂה	Tat, Werk, Arbeit
מצא	finden
מְצוּלָה	Tiefe
מִשְׁבָּר	Brandung

נ

נָא	doch
נבט	Hi hinblicken
נגד	Hi mitteilen, berichten
נֶגֶד	vor, im Beisein von jem., gegenüber
נגע	gelangen, erreichen
נדר	loben, geloben
נֶדֶר	Gelübde
נָהָר	Strömung
נחם	Ni sich gereuen lassen
נִינְוֵה	Ninive
נכה	Hi stechen
נפל	Hi fallen (lassen), werfen
נֶפֶשׁ	(Kehle), Person, Leben, Seele, Begierde, jemand
נצל	Hi befreien
נָקִיא	unschuldig
נשׂא	erheben, tragen
נתן	geben, bringen

ס

סבב	Po umschlingen
סוּף	Schilf
סֻכָּה	Hütte
סְפִינָה	Schiff
סער	stürmen
סַעַר	Sturm

ע

עבר	hinübergehen, überschreiten Hi ausziehen
עִבְרִי	Hebräer
עַד	bis
עוֹד	noch, wieder

עוֹלָם Ewigkeit, immerwährende Zeit

עזב verlassen

עטף Hit verschmachten

עַיִן Auge, Quelle

עִיר Stadt (f)

עַל auf, über, gegen, wegen

עלה hinaufgehen, hinaufsteigen
Hi hinaufführen lassen

עלף ohnmächtig niedersinken

עַם Volk

עִם mit

עמד stehen, bleiben

עמל arbeiten

ענה antworten

עשׂה tun, machen

עֶשֶׂר zehn

עשׁת Hit jemanden gedenken

עַתָּה nun, jetzt

פ

פלל Hit beten

פָּנִים Angesicht (pl)

פקד heimsuchen

צ

צֹאן Kleinvieh (Ziege und Schafe)

צוֹם Fasten

צֵל Schatten

צַר/צָרָה Not, Bedrängnis

ק

קדם Pi zuvorkommen

קֹדֶשׁ Heiligkeit, Heiligtum

קוֹל Stimme

קוּם aufstehen

קָטָן klein, unbedeutend

קיא ausspeien, auswerfen

קִיקָיוֹן Rizinus, Rizinuspflanze

קלל Hi sich erleichtern

קֶצֶב Grund

קרא rufen

קרב sich nähern, nahe sein

קְרִיאָה Botschaft

קֶדֶם Osten

ר

ראה	sehen
ראשׁ	Kopf
רַב	groß, viel, mächtig
רַבָּה	Menge
רִבּוֹא	zehntausend
רדם	Ni tief schlafen
רוּחַ	Wind, Atem, Geist
רַחוּם	barmherzig
רַע	schlecht, böse
רֵעַ	Nächster, Freund
רעה	weiden, hüten
רָעָה	Böse, Bosheit, Übel
רעע	böse sein/werden

שׂ

שָׂכָר	Fahrpreis
שִׂמְחָה	Freude
שַׂק	Sacktuch

שׁ

שֶׁ־	Relativpartikel
שְׁאוֹל	Scheol, Unterwelt
שׁאל	fragen, bitten
שׁבר	brechen, Ni zerbrechen
שָׁוְא	Gehaltlose, Nichts, Nichtige, Götze
שׁוּב	umkehren
שׁוע	Pi um Hilfe rufen
שַׁחַר	Morgenröte
שַׁחַת	Grube
שׁכב	liegen, sich niederlegen
שׁלך	Hi werfen
שׁלם	Pi vollenden
שָׁלֹשׁ	drei
שָׁם	dort
שְׁמֹאל	linke Hand
שׁמע	hören
שָׁמַיִם	Himmel (d)
שׁמר	hüten, bewahren, ver- ehren
שֶׁמֶשׁ	Sonne (f, m)
שֵׁנִי	zweite, zweite Mal

שְׁנַיִם zwei

שׁתה trinken

שׁתק ruhen

ת

תְּהוֹם Tiefe, Urwasser

תּוֹדָה Lob, Loblied, Danklied, Dankopfer

תּוֹלַעַת Wurm

תַּחַת anstelle von, unter

תְּפִלָּה Gebet (f)

תַּרְשִׁישׁ Tarsis

Verzeichnis für grammatikalische Erklärungen

Lösungen

2.1

שׁ שׂ ץ צ ף ס כ ט ח ז

2.2

1 ויהי דבר־יהוה אל־יונה בן־אמתי לאמר׃
2 קום לך אל־נינוה העיר הגדולה וקרא עליה
כי־עלתה רעתם לפני׃

2.3

רעתם	קום
נון	מלך
דרך	זעף
בן	טעם
לך	מלך
ארץ	נתן

2.4

Verwenden Sie dazu die Tabelle auf S. 29-30.

2.5

Josef, Lot, Jerusalem, Abraham, Natan, Israel, Jordan, David, Ester, Adam, Samech, Joel, Amos, Obadia, Jona, Micha, Jesaiahu (= Jesaja), Jeremiahu, Ezechiel, Sarah, Mose, Hosea, Daniel, Nahum, Habaquq, Zefania, Haggai, Zachariah, Maleachi

3.1

Verwenden Sie dazu die Tabelle auf S. 34 und die Erklärung auf S. 36.

Merke: Alle Zeichen, die keine Vokalen darstellen sind Akzente. In jeder Silbe ist immer NUR EINE Vokale vorhanden. In jedem Wort ist immer NUR EIN Akzent vorhanden.

3.2

Amittai	אֲמִתַּי	'ibri - Hebräer	עִבְרִי
Jafo	יָפוֹ	JHWH	יְהוָה
Jona	יוֹנָה	Ninive	נִינְוֵה
Scheol	שְׁאוֹל	Tarschisch	תַּרְשִׁישׁ

3.3

k-k-vb	בָּרָא	k-k-vb	יָדִי
k-k	אֵת	k-vb-k vb	סוּסָה
k-k-k-vb	הָיְתָה	k-k-vb	פְּנֵי
k-vb-k	אוֹר	k-k-vb	יְהִי
k-k	לֹא	k-k-vb-k	שָׁאוּל
k-k-vb-k	וְרוּחַ	k-k-vb	שֵׁנִי
k-k-k-k	הָאָרֶץ	k-k-vb	עֹשֶׂה
k-k	אַב	k-vb-k-vb-k	נִינְוֵה

3.4

בְּהֵמָה	m	לְךָ	m	לְמִי	m
מִזַּעְפּוֹ	q	לִהְיוֹת	m	וַיַּחְתְּרוּ	q - m
שְׁמאל	m	יִשְׁתּוּ	q	דְּבַר	m
תֹהוּ	m	יַרְכְּתֵי	q - m	הַבְלֵי	q
שְׁאוֹל	m	וַיִּלְבְּשׁוּ	q - m	וַיִּירְאוּ	m
וְגַלֶּיךָ	m	בִּמְעֵי	q	תַּרְשִׁישׁ	q

4.1

1 וַיְהִי֙ דְּבַר־יְהוָ֔ה אֶל־יוֹנָ֥ה בֶן־אֲמִתַּ֖י לֵאמֹֽר׃
2 ק֛וּם לֵ֥ךְ אֶל־נִֽינְוֵ֖ה הָעִ֣יר הַגְּדוֹלָ֑ה וּקְרָ֣א עָלֶ֔יהָ
כִּֽי־עָלְתָ֥ה רָעָתָ֖ם לְפָנָֽי׃
3 וַיָּ֤קָם יוֹנָה֙ לִבְרֹ֣חַ תַּרְשִׁ֔ישָׁה מִלִּפְנֵ֖י יְהוָ֑ה
וַיֵּ֨רֶד יָפ֜וֹ וַיִּמְצָ֥א אָנִיָּ֣ה בָּאָ֣ה תַרְשִׁ֗ישׁ
וַיִּתֵּ֨ן שְׂכָרָ֜הּ וַיֵּ֤רֶד בָּהּ֙ לָב֤וֹא עִמָּהֶם֙ תַּרְשִׁ֔ישָׁה מִלִּפְנֵ֖י יְהוָֽה׃
4 וַֽיהוָ֗ה הֵטִ֤יל רֽוּחַ־גְּדוֹלָה֙ אֶל־הַיָּ֔ם
וַיְהִ֥י סַֽעַר־גָּד֖וֹל בַּיָּ֑ם וְהָ֣אֳנִיָּ֔ה חִשְּׁבָ֖ה לְהִשָּׁבֵֽר׃

4.2

הַקְּרִיאָה	בְּקוֹל	בְּמְעֵי
הָעִיר	הָאֲנָשִׁים	כְּדְבַר
וְקְרָא	הַגּוֹרָל	בְּלְבַב
לְבְרֹחַ	וּשְׁלשָׁה	הָגְּדאלָה
וְלֹא	הָשֶּׁמֶשׁ	כְּזְרֹחַ
הַמֶּלֶךְ	הָאָדָם	הַיָּם
הָרָעָה	וְרַחוּם	וְנִינְוֵה

4.3

für eine Stadt	לְעִיר
in einer Selle	בְּנֶפֶשׁ
für immer	לְעוֹלָם
die Stadt	הָעִיר
der Gott	הָאֱלֹהִים
für das Blut	לַדָּם
in der Stadt	בָּעִיר
und das Tier	וַבְּהֵמָה

4.4

und Jona	kon + EN	וְיוֹנָה
das Meer	art + n	הַיָּם
und das Schiff	kon + art + n	וְהָאֳנִיָּה
das Schiff	art + n	הַסְּפִינָה
der Matrose	art + n	הַחֹבֵל
das trockene Land	art + n	הַיַּבָּשָׁה
die Stadt	art + n	הָעִיר
für den Wind	präp + n	לָרוּחַ
in das Meer	präp + art + n	בַּיָּם
in das Schiff	präp + art + n	בָּאֳנִיָּה
die Bosheit	art + n	הָרָעָה
und das Los	kon + art + n	וְהַגּוֹרָל
durch eine Seele	präp + n	בְּנֶפֶשׁ

5.1

art + n m pl abs= die Könige — הַמְּלָכִים

adj m pl = groß — גְּדוֹלִי

Die Könige sind groß.

art + n m pl abs= die Könige — הַמְּלָכִים

art + adj m pl = groß — הַגְּדוֹלִים

Die großen Könige

art + n f s abs= die Königin הַמַּלְכָּה

art + adj f s = groß הַגְּדֹלָה

Die große Königin

part = es gibt nicht אַיִן

art + n f s abs = die Königin הַמַּלְכָּה

art + adj f s = groß גְּדוֹלָה

kon + adj f s = und gut וְטוֹבָה

Es gibt nicht die große und gute Königin.

n f s abs = Königin מַלְכָּה

adj f s = groß גְּדוֹלָה

kon + adj f s = und gut וְטוֹבָה

Eine große und gute Königin./Eine Königin ist groß und gut.

n f pl abs = Königinnen מְלָכוֹת

adj f pl = groß גְּדוֹלוֹת

kon + adj f pl = und gut וְטוֹבוֹת

Große und gute Königinnen./Königinnen sind groß und gut.

art + n m s abs = der König הַמֶּלֶךְ

kon +art + n f s abs = die Königin וְהַמַּלְכָּה

präp + art + n m s = auf/über der Erde/dem Land עַל-הָאָרֶץ

Der König und die Königin sind (herrschen) über das Land.

art + n f s abs= die Stadt הָעִיר

art + adj f s = groß הַגְּדאלָה

Die große Stadt

n f s abs = Geist/Wind [mit *maqqef*] רוּחַ־

adj f s = groß גְּדוֹלָה

Ein großer Wind

art + n m s abs = der Sturm הַסַּעַר

adj m s = groß הַגָּדוֹל

Ein großer Sturm

n f s abs = Furcht יִרְאָה

adj f s = groß גְדוֹלָה

Eine große Furcht

n m s abs = Blut דָּם

adj m s = unschuldig נָקִיא

Unschuldiges Blut/Blut ist unschuldig.

n m s abs = Fisch דָּג

adj m s = groß גָּדוֹל

Ein großer Fisch/Ein Fisch ist groß.

n f s abs = Bösheit	רָעָה
adj f s = groß	גְדוֹלָה
Große Bosheit/Bosheit ist groß.	

n m s abs= Gott [mit *maqqef*]	אֵל־
adj m s = gnädig	חַנּוּן
Ein gnädiger Gott.	

n f s abs = Freude	שִׂמְחָה
adj f s = groß	גְדוֹלָה
Eine große Freude/Freude ist groß.	

5.2

präp [mit *maqqef*] + art + n f s abs = über die Bosheit	עַל־הָרָעָה
art + n m d abs = die (zwei) Himmel	הַשָּׁמַיִם
präp + EN = in Ninive	בְּנִינְוֵה
präp [mit *maqqef*] + art + n f s abs = aus der Stadt	מִן־הָעִיר
präp + art + n f s abs = für die Stadt	לָעִיר
präp + art + EN = für JHWH	לַיהוָה
präp + art + n m s abs = in Gott	בָּאֱלֹהִים
präp + art + n m s abs = im Schatten	בַּצֵּל
präp [mit *maqqef*] + art + n m s abs = Auf dem Rizinusbaum	עַל־הַקִּיקָיוֹן

präp [mit *maqqef*] + n m s abs = Bis zur Kehle	עַד־נֶפֶשׁ

EN = Ninive	נִינְוֵה
art + n f s = die Stadt	הָעִיר
art + adj f s = groß	הַגְּדאלָה

Ninive ist die große Stadt.

EN m s = Hebräer	עִבְרִי
spp 1 c s = ich	אָנֹכִי

Ein Hebräer bin ich.

kon + Akkusativzeichen [mit *maqqef*]	וְאֶת
EN = JHWH	יְהוָה
n m pl abs = Gott	אֱלֹהֵים
spp 1 c s = ich	אֲנִי
adj m s = fürchtend	יָרֵא

Und ich bin fürchtend JHWH, Gott.

6.1

Verwenden Sie dazu die Arbeitsübersetzung des Jonabuches ab S. 128.

6.2

m pl abs	שַׂקִּים	m pl cs	אֱלֹהֵי
m s abs	צֵל	m s abs	מַהֲלַךְ

m d abs	שָׁמַיִם	f s abs	קְרִיאָה
f s	גְדוֹלָה	m s	אֶרֶךְ
f s abs	רַבָּה	m s abs	אָדָם
m s	טוֹב	m pl abs	אֱלֹהִים

7.1

Verwenden Sie dazu die Arbeitsübersetzung des Jonabuches ab S. 128.

7.2

präp + n m pl cs + epp 3 m pl = in ihren Händen	בְּכַפֵּיהֶם
n m s cs + epp 3 m s = sein Mantel	אַדַּרְתּוֹ
n m s cs+ epp 1 c s = meine Seele	נַפְשִׁי
n m pl cs + epp 2 m s = meine Augen	עֵינֶיךָ
kon + spp 1 c s = und ich	וַאֲנִי
n m s cs + epp 1 c s = meine Stimme	קוֹלִי
n m pl cs + epp 3 m pl = ihr Gott	אֱלֵיהֶם
n m pl cs + epp 3 m s = sein Gott	אֱלֹהָיו
n f s cs + epp 3 f pl = ihre Bösheit	רָעָתָם
präp + epp 2 m pl = auf euch	עֲלֵכֶם
präp + epp 3 m s = zu ihm	אֵלָיו
präp + epp 1 c s = vor mir	לְפָנָי
präp + epp 3 f s = auf ihr	עָלֶיהָ
präp + epp 3 m s = zu ihm	אֵלָיו
präp + epp 1 c pl = zu uns	לָנוּ

8.1

Verwenden Sie dazu die Arbeitsübersetzung des Jonabuches ab S. 128.

9.1

Verwenden Sie dazu die Arbeitsübersetzung des Jonabuches ab S. 128.

9.2

Q perf 3 m s von	כתב	(schreiben):	er hat geschrieben	כָּתַב
Q perf 2 m s von	זכר	(sich erinnern):	du hast dich erinnert	זָכַרְתָּ
Q perf 1 c s von	פקד	(heimsuchen):	ich habe heimgesucht	פָּקַדְתִּי
Q perf 3 m s von	ירד	(hinabgehen):	er war hinabgegangen	יָרַד
Q perf 3 c pl von	כרת	(schneiden):	sie haben geschnitten	כָּרְתוּ
Q perf 2 m pl von	שׁאל	(fragen):	ihr habt gefragt	שְׁאַלְתֶּם
Q perf ptz s a von	סער	(stürmen):	stürmend	סֹעֵר
Q perf 1 c s von	כרת	(schneiden):	ich habe geschnitten	כָּרַתִּי

10.1

Verwenden Sie dazu die Arbeitsübersetzung des Jonabuches ab S. 128.

11.1

Verwenden Sie dazu die Arbeitsübersetzung des Jonabuches ab S. 128.

12.1

Verwenden Sie dazu die Arbeitsübersetzung des Jonabuches ab S. 128.

13.1

Verwenden Sie dazu die Arbeitsübersetzung des Jonabuches ab S. 128.

14.1

Verwenden Sie dazu die Arbeitsübersetzung des Jonabuches ab S. 128.

15.1

Verwenden Sie dazu die Arbeitsübersetzung des Jonabuches ab S. 128.

15.2

Ni impf 3 m pl	תִּכָּתֵבוּ
Pi impf 3 m s + epp 1 c s	יִכְתְּבֵנִי
Hi perf 2 m s	הִכְתַּיבְתָּ
Q impf 3 f pl	תִּכְתֹּבְנָה
Q perf 1 c s + epp 3 m s	כְּתַבְתִּיהוּ
Q perf 2 m s	כָּתַבְתָּ
Ni inf/Ni impt 2 s	הִכָּתֵב
Pi impt 2 m s/Pi inf	כַּתֵּב
Hi impt 2 m s/Hi inf	הַכְתֵּב
Q perf 2 m pl	כְּתַבְתֶּם
Ni perf 3 m s	נִכְתַּב
Pi perf 3 f pl	תְּכַתֵּבְנָה
Pi perf 1 c s	כִּתַּבְתִּי

Q impt 2 m s/Q inf	כְּתֹב
Hi perf 3 f s/2 m s	תַּכְתִּיב
Q impf 1 c s	אֶכְתֹּב
Q impf 3 m s	יִכְתֹּב
Pi ptz m s	מְכַתֵּב
Ni perf 3 m s	נִכְתָּב

16.1

Verwenden Sie dazu die Arbeitsübersetzung des Jonabuches ab S. 128.

17.1

Verwenden Sie dazu die Arbeitsübersetzung des Jonabuches ab S. 128.

18.1

Verwenden Sie dazu die Arbeitsübersetzung des Jonabuches ab S. 128.

Literaturhinweise

Diese Einführung in das Bibel-Hebräisch ist als Lehrbuch gedacht und versucht daher nicht, jede Einzelheit der hebräischen Sprache zu behandeln. Am Ende der Lektionen dieses Buches wird man mit mittel-schweren Texten der hebräischen Bibel umgehen können. Bei einer weiteren und tieferen Beschäftigung mit den Texten des Alten Testaments oder mit anderen auf Hebräisch verfassten Schriften werden allerdings unweigerlich Probleme auftreten, denn in diesem Lehrbuch wurden lediglich die wichtigsten Aspekte der Sprache behandelt.

Für diesen Fall stellen die folgenden Literaturhinweise weiterführende Hilfsmittel dar.

Textausgaben

Die Standardausgabe der hebräischen **Bibel ist die Biblia Hebraica Stuttgartensia** (Hg. K. Elliger – W. Rudolph), Stuttgart 41994. (BHS) Der Text basiert auf dem Codex Leningradensis und ist mit einem textkritischen Apparat versehen.

Als Einführung zum Gebrauch der BHS ist **A. Fischer**, Der Text des Alten Testaments. Neubearbeitung der Einführung in die Biblia Hebraica von Ernst Würthwein, Stuttgart 2009, empfehlenswert.

Grammatiken

Ausführlichere Behandlungen der hebräischen Grammatik mit zusätzlichen Übungen finden sich in M. Krause, Hebräisch. Biblisch-hebräische Unterrichtsgrammatik (Hg. M. Pietsch – M. Rösel), de Gruyter ^{3}2012.

Lehrbücher

Es gibt viele detaillierte Lehrbücher, die beim Erlernen des Althebräischen hilfreich sein können. Empfehlenswert sind:

T. O. Lambdin, Lehrbuch Bibel-Hebräisch, Brunnenverlag ^{10}2023.

H.-D. Neef, Arbeitsbuch Hebräisch: Materialien, Beispiele und Übungen zum Biblisch-Hebräisch, Mohr Siebeck ^{7}2018.

H. W. Hoffmann, Einführung ins biblische Hebräisch: Grammatik - Vokabular – Übungen, AVM.edition 2023 [mit CDrom].

Lexika

Das Standardwörterbuch ist **W. Gesenius – F. Buhl**, Hebräisches und Aramäisches Handwörterbuch über das Alte Testament, Heidelberg ^{17}1987.

Ein übersichtliches und für Studenten völlig ausreichendes Werk ist **F. Matheus**, PONS. Kompaktwörterbuch Althebräisch, Stuttgart 2006.

Vokabeln

Eine sehr große Hilfe, um Vokabel systematisch zu lernen, ist das Werk von **S. Arnet**, Wortschatz der hebräischen Bibel. 2500 Vokabeln alphabetisch und thematisch geordnet mit Register deutsch-hebräisch, TVZ 2012.

Konkordanzen

Eine Bibelkonkordanz – d.h. ein Verzeichnis der Verwendungsfälle aller Wörter des Bibeltextes mit Angabe der Fundstelle und des jeweiligen Kontextes – vereinfacht die Untersuchung von Parallelstellen und des Wortschatzes des jeweiligen Bibeltextes und ist daher für ein vertieftes Studium der Bibel unverzichtbar.

G. Lisowsky, Konkordanz zum Hebräischen Alten Testament, Stuttgart 1993.

A. Even-Shoshan, A new Concordance of the Old Testament, Jerusalem 1990.

Theologische Begriffswörterbücher

Besonders wichtig, um das Bedeutungsspektrum einzelner Worte und Begriffe kennen zu lernen, sind theologische Wörterbücher. Wissenschaftliche Standardwerke sind: **Theologisches Wörterbuch zum Alten Testament** (Hg. J. Botterweck - H. Ringgren - H.-J. Fabry), Stuttgart 1973ff. (ThWAT) und **Theologisches Handwörterbuch zum Alten Testament** (Hg. E. Jenni - C. Westermann), München-Zürich ^{5}1998 (THAT).

Elektronische Hilfsmittel

Bible Works 10: Software for biblical exegesis & research, Norfolk 2010.

SESB 3: Stuttgarter Elektronische Studienbibel, Deutsche Bibelgesellschaft.

Accordance 10: Bible Software for Mac, iPad and iPhone, Oak Tree.

Zum Inhalt und zur Theologie der drei Teile der hebräischen Bibel ist eine Einleitung in das Alte Testament zu konsultieren. Knapp und verständlich ist **S. Paganini**, Am Anfang. Eine bibelkundliche Einführung in das Alte Testament (Aachener Theologische Schriften 4), Aachen 2016.

Anhang

Nach einem guten Rutsch muss man nicht mausetot sein...

Althebräischer Wortschatz in der deutschen Sprache

Simone Paganini

Johannes besaß ein **Beisl** in einem **Kaff**, wo stets ein **Tohuwabohu** herrschte. Er machte jedoch keinen **Kies**, denn das Essen war zwar **koscher**, aber meistens zum **Kotzen**. Das war ein **Schlamassel**, aber noch kein Grund für **Zores**. Wenn er jemanden **abzockte**, der zu viel Geld **berappen** musste, dann fühlte er sich auch nicht wie ein **Gauner** oder ein **Ganove**, sondern eher **ausgekocht** – aber er war nur **großkotzig**. Er landete deswegen auch nie im **Knast**. Weil er aber meistens **blau** machte, war er immer **pleite** und fand nie jemanden zum **Schmusen**. Doch da er keinen **Stuss** redete oder **Zoff** suchte, brach er immer wieder in **Jubel** aus: „**Halleluja**".

Zugegeben – der erste Absatz dieses Textes ist nicht sehr geistreich und hat auch nicht viel Sinn. Einige Begriffe scheinen eher ungewöhnlich, andere wiederum sind uns sehr geläufig. Eines haben sie jedoch alle gemein: Sie werden in der deutschen Sprache verwendet, stammen aber aus dem Althebräischen.

Die deutsche Sprache kennt sehr viele Wörter, Redewendungen, Ausdrücke und nicht zuletzt Eigennamen, die aus dem Hebräischen entlehnt sind. Die meisten stammen jedoch nicht direkt aus der Ursprache der Bibel, sondern sind über das Jiddische bis heute erhalten geblieben. Jiddisch ist die Sprache der (aschkenasischen) Juden in Nord- und Osteuropa, ursprünglich war sie in der Aussprache fast identisch mit dem Mittelhochdeutschen, in der Schrift wurden jedoch hebräische Buchstaben verwendet.

Der Einfluss der semitischen Sprachen auf den europäischen Wortschatz wird oft unterschätzt, natürlich sind das Lateinische und das Griechische viel stärker vertreten als das Hebräische, aber auch dieses kommt nicht zu kurz. In einschlägigen sprachwissenschaftlichen Werken wird geschätzt, dass der aktive Wortschatz des Deutschen über 1000 Worte und Wendungen enthält, die hebräischen Ursprungs sind, wenn man die Dialekte mit einbezieht, sind es sogar noch viel mehr.

Dieser kulturelle und sprachliche Einfluss wird bereits im Ursprungsmythos Europas auf sehr schöne poetische Weise zum Ausdruck gebracht. Die schöne Europa war eine phönizische Prinzessin und lebte an der Küste des heutigen Libanon – in der sogenannten Levante – als sich Zeus, der griechische (also europäische) Hauptgott, in sie verliebte und sich in einen Stier (das Symbol der kanaanäischen Hauptgottheit) verwandelte, sie anlockte und in das Land entführte, das seitdem ihren Namen trägt. Dem Mythos zufolge liegt der Ursprung Europas genau in jenem Gebiet, in dem Hebräisch gesprochen wurde. Sie hat ihre Wurzeln im alten Orient, der heute als Nahost bezeichnet wird, und wird dann auf dem europäischen Kontinent heimisch. Dieser Mythos will vor allem kulturelle Gemeinsamkeiten und Einflüsse erklären, steht er doch beispielhaft für den bis heute andauernden kulturellen Kontakt, und soll dementsprechend in diesem Beitrag erwähnt werden.

Den meisten Menschen ist dieser Ursprung Europas nicht bewusst oder er wird gar aktiv von einigen verkannt, eine politische Aussage, die sich auf sprachlicher Ebene sehr gut belegen lässt. Mit einem sehr kleinen Aspekt dieses Austausches, nämlich der Übernahme hebräischer Wörter in die deutsche Sprache, beschäftigt sich dieser Aufsatz.

Alphabet und Eigennamen

Die wohl folgenreichste Beeinflussung der beiden Welten steht ganz am Beginn der schriftlichen kulturellen Entwicklung und betrifft die eigentliche Grundlage jeden Wortes: die Buchstaben, mit denen man schreibt. Die Entwicklung einer Alphabetschrift hatte sich in der Tat im levantinischen Raum (Syrien-Palästina) um die Mitte des zweiten Jahrtausends v. Chr. vollzogen. Der Sprung von der (in ihrer letzten Entwicklung) mehrere hundert Zeichen umfassenden silbenbezogenen Keilschrift zu den zwei Dutzend Zeichen des Alphabets ist von unermesslicher Bedeutung gewesen. Ausgehend von den phönizischen Buchstaben gelangten diese Zeichen über verschiedene Formen des Hebräischen nach Griechenland, wo sie adaptiert und vor allem die nicht benötigten Konsonantenzeichen als Vokalzeichen verwendet wurden (*'alef* wurde zu *alpha*; *'ajin* zu *omikron*; *jod* zu *iota* usw.). Von dort setzten die Buchstabenzeichen ihre Reise nach Rom fort, wo unser heutiges lateinisches Alphabet endgültig fixiert wurde.

Die zwei Kulturwelten standen im Mittelmeerraum bekanntermaßen ständig im Austausch miteinander. Besonders auffällig haben sich diese Kontakte zunächst in der Übernahme von hebräischen Eigennamen ausgewirkt, wobei es sich in den meisten Fällen um theophore Worte – also Namen, die das Wort *'el* (Gott) oder gar JHWH (den Eigennamen des hebräischen Gottes) enthalten – handelt. Die folgende Auflistung erhebt keinen Anspruch auf Vollständigkeit, sie ist vielmehr als Versuch einer möglichen sprachlichen Systematisierung zu verstehen. Alle Eigennamen haben nämlich eine Bedeutung, die sich aus unterschiedlichen grammatikalischen Elementen zusammensetzt.

Manche Eigennamen geben ganze Nominalsätze wieder – also Sätze ohne ein finites Verb, die im Hebräischen mit dem Verb ‚sein' versehen werden: **Daniel** (*dan* = Richter + *'el* = Gott: Gott ist Richter), **Emmanuel** (*'im* = mit + das enklitische Personalpronomen *-nu* = uns + *'el* = Gott: Gott ist mit uns), **Elisabeth** (*'el* = Gott + das enklitische Personalpronomen *-i* = mein + *šæba'* = Fülle, Vollkommenheit: mein Gott ist (Segens-) Fülle), *Gabriel* (*gæbær* = Held + *'el* = Gott: Gott ist ein Held), **Johanna** (*jo* = Kurzform des Gottesnamens JHWH + *ḥen* = Gnade: JHWH ist Gnade), **Elia** (eigentlich Elijahu aus *'el* = Gott + das enklitische Personalpronomen *-i* = mein + *jahu* = Kurzform des Gottesnamens JHWH: JHWH ist mein Gott), **Joel** (*jo* = Kurzform des Gottesnamens JHWH + *'el* = Gott: JHWH ist Gott).

Manche Eigennamen ergeben sich aus ganz normalen Verbalsätzen und stehen oft in direktem Zusammenhang mit der Geschichte der Person, in der sie als Protagonisten fungieren. **Salomo** (aus der Verbwurzel *šlm* = ersetzen) wird zum Beispiel als Ersatz für den verstorbenen Bruder geboren, oder der Engel **Rafael** (*rapa'* = heilen + *'el* = Gott: Gott heilt) kommt in der Geschichte von Tobit als Heiler vor. Weitere Eigennamen dieser Kategorie sind: **Michael** (ein Fragesatz aus der Fragepartikel *mi* = wer + Präposition *c-* = wie + *'el* = Gott: wer ist wie Gott?), **Jonathan** (*jo* =

Kurzform des Gottesname JHWH + *natan* = geben: JHWH hat gegeben), **Abigail** (*'ab* = Vater + das enklitische Personalpronomen *-i* = mein + *gjl* = jubeln: mein Vater jubelt).

Andere Eigennamen sind wiederum einfache Formen eines Verbs: **Jakob** (von der Verbwurzel *jqb* = schützen: er [Gott] schützt), Simon (aus der Verbwurzel *šm'* = hören: er [Gott] hat gehört), **Ada** (aus der Verbwurzel *'dh* = schmücken: er [Gott] hat geschmückt), **Josef** (aus der Verbwurzel *jsp* = hinzufügen: er [Gott] hat hinzugefügt), **David** (aus der Verbwurzel *dwd* = lieben: der, der geliebt wird, also der Liebling).

Die häufigsten Eigennamen sind aber Bezeichnungen von Tieren, Pflanzen, Eigenschaften oder einfache Wiedergaben hebräischer Begriffe: **Eva** (*ḥawa* = Leben), **Hanna** (*ḥannah* = Gnade, Barmherzigkeit), **Jonas** (*jonah* = Taube), **Susanne** (*šošan* = Lotusblüte), **Laila** (*lajlah* = Nacht), **Benjamin** (*ben* = Sohn + *jamin* = Freude: Sohn der Freude), **Sarah** (*śarah* = Fürstin), **Deborah** (*d^e^borah* = Biene), **Rahel** (*raḥel* = Mutterschoß), **Ruth** (*rut* = Erquickung), **Ben** (*ben* = Sohn), **Esra** (*'ezer* = Hilfe), **Matthäus** (eigentlich Mattatjahu aus *mattit* = Geschenk + *jahu* = Kurzform des Gottesnamens JHWH: Geschenk JHWHs).

Religiöser und liturgischer Wortschatz

Eine zweite wichtige Kategorie von aus dem Hebräischen übernommenen Worten bilden liturgische und sonstige Fachbegriffe aus der Bibel.

Die Exklamation **Amen** (= so ist es!), die sich aus der Verbwurzel *'mn* (= fest sein) herleitet, sowie die Jubelrufe **Hosianna** (*hoši'ah* = helfe + *na'* = doch) und **Halleluja** (*hallelu* = lobet + *ja* = Kurzform des Gottesnamens JHWH: Lobet JHWH) sind feste Bestandteile der christlichen Liturgie geworden. Aber auch Begriffe wie **Messias** (*mašiaḥ* = der Gesalbte), **Rabbi** (*rab* = Lehrer + das enklitische Personalpronomen *-i* = mein: mein Lehrer), **Sabbat** (von der Verbwurzel *šbt* = ruhen), **Jubel** (*jobel* = Schall des Widderhorns, der besondere Festtage einleitete – in übertragenem Sinn dann jauchzen, frohlocken) oder **Abt** (vom *'ab* = Vater) werden häufig verwendet und sind dementsprechend geläufig. Zu dieser Gruppe gehören auch zwei Worte, die aus ihrem Kontext genommen worden sind und eine eigene Bedeutung entwickelt haben:

Das erste Kapitel der hebräischen Bibel beschreibt den Urzustand der neu erschaffenen Erde mit den Begriffen ‚wüst' und ‚leer', die hebräischen Worte sind *tohu* und *bohu*. Gerade die dunklen Vokale wollen den Zustand einer unförmigen, möglicherweise gefährlichen und auf jedem Fall noch ungeordneten Welt ausdrücken. Die beiden Adjektive werden mit der Konjunktion „und“ verbunden. Auf Hebräisch ist dies der Buchststabe *w-*, der mit einem „a“ vokalisiert wird. Wenn man die beiden Begriffe also zusammengesetzt liest, dann entsteht das Wort **Tohuwabohu**, was im Deutschen zum Inbegriff eines heillosen Durcheinanders geworden ist.

Das andere Wort, welches in unserer Sprache völlig aus seinem ursprünglichen biblischen Zusammenhang gerissen wurde, ist **Schibboleth**. Im Hebräischen bedeutet das Wort *šibbolæt* ‚Getreideähre'. Allerdings wird das Wort in der Erzählung aus dem zwölften Kapitel des Richterbuches gebraucht, um die verfeindeten Mitglieder des Stammes Efraim, die offensichtlich das „sch“ nicht aussprechen konnten, zu identifizieren. Diese konnten das Wort nur als Sibboleth aussprechen. Schibboleth bezeichnet nun im heutigen Sprachgebrauch ein Wort, das aufgrund der verschiedenen Aussprache die Herkunft des Sprechers oder auch seine Zugehörigkeit zu einer bestimmten sozialen Gruppe erkennen lässt. Schibboleth wird daher auch in der Bedeutung von ‚Codewort' oder ‚Erkennungszeichen' verwendet.

Auch Begriffe wie **Satan** (aus der Verbwurzel *śtn* = sich widersetzen oder zu Fall bringen) oder **Beelzebub** (*ba'al* = Herr und *z^{e}bub* = Fliege: Herr der Fliegen, als spöttische Bezeichnung einer fremden Gottheit), zur Identifizierung des Teufels, sind ebenfalls hebräischen Ursprungs.

Hebräische Worte in der deutschen Sprache

In der Periode des Spätmittelalters und stärker noch während der frühen Neuzeit gelangte eine sehr große Anzahl von weiteren Worten, Begriffen und Wendungen über die Sondersprache von Randgruppen und Subkulturen (wie Bettler und Söldner, einfache Händler, Prostituierte, Kleinkriminelle), das sogenannte Rotwelsch, in die deutsche Sprache. Es springt ins Auge, dass die große Mehrheit ebenjener Worte eine negative Konnotation aufweist, was der Tatsache geschuldet ist, dass die soziale Position der Menschen, die Rotwelsch gesprochen haben, eine niedrige und von der übrigen Gesellschaft weitgehend abgelehnte war.

Auch ohne in diesem Fall den Anspruch auf Vollständigkeit zu erheben, sollen einige dieser Wörter hier vorgestellt werden, die heute im deutschsprachigen Raum geläufig verwendet werden und dabei einen klaren Ursprung in der Sprache der Bibel vorweisen können.

So kommt das Wort **abzocken** von dem hebräischen *s^e^ḥoq*, was spielen oder lachen bedeutet, und beschreibt im übertragenen Sinn eine Handlung, bei der jemand durch Betrug, Täuschung oder unfaire Praktiken dazu gebracht wird, mehr Geld zu zahlen als nötig oder bei der jemand auf andere Weise Geld abgenommen bekommt. Es hat eine stark negative Konnotation und impliziert unethisches Verhalten.

Wenn jemand eine Zahlung leisten muss, oft widerwillig oder unter Druck, kann man dafür das Wort **berappen** verwenden. Der Begriff impliziert, dass die Zahlung nicht unbedingt freiwillig oder gerne erfolgt, sondern eher als eine Art Verpflichtung oder Notwendigkeit angesehen wird. Das hebräische Ursprungswort ist in diesem Fall *rapa'* (= Heilkosten bezahlen).

Wenn jemand besonders schlau ist, dann nennt man ihn **ausgekocht**. Das hat natürlich nichts mit kochen zu tun, sondern vielmehr mit der hebräischen Verbwurzel *ḥkm*, die das gesamte Wortfeld von Weisheit und Klugheit abdeckt.

Im Bayern und in manchen Regionen Österreichs bezeichnete man lange eine etwas heruntergekommene Dorfkneipe als **Beisel** (mit Variationen in verschiedenen Dialekten auch als **Beize**, **Beiz**, **Besel**, **Boazn** usw.). Der Ursprung des Wortes wird oft mit dem hebräischen Begriff für Haus (*bajit*) in Verbindung gebracht.

Ein **betuchter** Mensch ist wohlhabend. Das Eigenschaftswort **betucht** hat aber nichts mit Tuchfabriken zu tun, es wird vom *bataḥ* (= Vertrauen) abgeleitet, denn offensichtlich ist Vertrauen eine wichtige Eigenschaft, wenn man im Geschäft erfolgreich sein und viel Geld verdienen will.

Chuzpe gibt das hebräische *ḥuṣpah* wieder und bezeichnet eine besondere Art von Dreistigkeit oder Frechheit. Es ist eine Mischung aus Mut, Unverfrorenheit und oft auch Respektlosigkeit. Der Begriff wird zur Beschreibung einer Handlung oder einer Person verwendet, die außergewöhnlich ungeniert ist, oft in einer bewundernden oder humorvollen Art und Weise. Eine Person zeigt Chuzpe, wenn sie ohne Scham und mit großer Selbstsicherheit etwas tut, was andere vielleicht nicht wagen würden. Manchmal wird der Begriff auch in der Literatur, im Journalismus oder gar in der Popkultur verwendet, um eine Figur oder eine Handlung zu charakterisieren, die besonders unverschämt oder mutig ist.

Die im Alpenraum etwas veraltete aber noch gebräuchliche Bezeichnung für einen Freund, einen Kumpel oder auch den Liebhaber – **Habe-**

rer – lässt unschwer den biblischen Ursprung erkennen: *ḥaber* (*ḥaberim* im Plural) ist nämlich der Freund.

Ebenso gebräuchlich ist die Bezeichnung **Kaff** für ein kleines unbedeutendes Dorf, wo nichts los ist. Sie ist möglicherweise auf das hebräische Wort *kopær* (= Dorf) zurückzuführen.

Das Wort **Kies**, wird es im Sinne von Geld gebraucht, hat nichts mit kleinen Steinen zu tun, obwohl manche populärwissenschaftlichen Ansätze Deutungen in dieser Richtung anbieten. Der hebräische Begriff *kis* bezeichnet lediglich den Geldbeutel. Vom Geldbeutel zum Geld, als dessen Inhalt, ist eine schöne Form der Metonymie (man nennt den Behälter, meint man aber den Inhalt, ersetzt also den eigentlich gemeinten Ausdruck durch einen, der in einer ‚realen Beziehung' zu ihm steht).

Koscher ist im heutigen Sprachgebrauch als Synonym für ‚richtig, tauglich, geeignet, zulässig' bekannt, es entstammt den biblischen Speisegesetzen und identifiziert zunächst alle Speisen, die rituell rein sind (*kašar*) und insofern gegessen werden dürfen. Betrachtet man allerdings die Liste der erlaubten Speisen, dann erscheinen manche davon für den heutigen Geschmack nicht gerade köstlich, manch einer würde sogar meinen, dass sie zum **Kotzen** seien. Das Wort kotzen kommt übrigens ebenfalls aus dem Hebräischen, von *qoṣ*, was Ekel bedeutet.

Weil *magal* das Wort für Sichel ist, und eine Sichel krumm ist, bezeichnet **mogeln** das Erreichen von einem Ergebnis nicht auf gradlinigen, sondern auf ‚krummen' Wegen und meint daher im übertragenen Sinn das Betrügen an sich.

Ramsch kennen wir als etwas Wertloses bzw. identifizieren wir damit häufig abwertend Waren von minderwertiger Qualität oder solche, die wir als völlig nutzlos betrachten. Auch in diesem Fall ist die Ableitung aus dem Hebräischen unsicher. Das Wort *ramu'ut* bedeutet auf jeden Fall Betrug und könnte durchaus der Ursprung des Begriffes Ramsch gewesen sein.

Schachern (von *saḥar* = Lohn) bezeichnet ein unlauteres Handeln. Es hat oft eine negative Konnotation, da es dazu verwendet wird eine Art von Handel oder Verhandlung zu beschreiben, die als kleinlich, unfair oder übermäßig geschäftstüchtig empfunden wird. **Schächten** (von *šḥt* = schlachten) hingegen meint die rituelle Art und Weise ein Tier zu töten, indem Schlagader und Luftröhre gleichzeitig durchtrennt werden. Diese Methode soll sicherstellen, dass das Tier schnell und möglichst schmerzfrei stirbt und dass das Blut, das im Judentum als unrein gilt, vollständig aus dem Körper entfernt wird.

Schmusen kommt aus dem Wort *šemu'ah*, das ‚Erzählung, Kunde' bedeutet. Aus der netten Plauderei bzw. aus dem freundlichen Gespräch ist der – sprachliche – Schritt zu einer körperlichen und emotionalen Nähe nicht weit, sodass wir das Wort heute eben als zärtliche Nähe zweier Personen verstehen.

Weniger spektakuläre Übernahmen von hebräischen Begriffen ins Deutsche stellen die Worte **Stuss** (von *štut* = Unsinn), **Zoff** (von *za'af* = Streit) und **Zores** (von *ṣrot* = Sorgen) dar, welche in ihren Bedeutungen unverändert geblieben sind.

Wortverbindungen und Redewendungen

Wie bereits eingangs erwähnt, haben sich nicht nur einzelne Worte, sondern auch ganze Wendungen aus dem Hebräischen entwickelt. ‚Es zieht wie Hechtsuppe' stammt möglicherweise aus einer Verballhornung von *hech supa* (= starker Wind), darüber streitet sich aber die linguistische Forschung. Viel klarer ist hingegen der Ursprung der Wendung ‚**blau sein**'. Heutzutage als ‚betrunken sein' – wiedergegeben, bedeutete es ursprünglich ‚faul sein, nicht leisten'. Das Wort **blau** entstammt zwei kurzen hebräischen Worten, der einsilbigen Präposition *b*^e^- (= mit) und der Negativpartikel *lo'* (= nicht). Blau kommt also von *b*^e^*lo'* und bedeutet demnach ‚mit nicht'. **Blaumachen** hat hingegen mit dem mehr oder weniger unentschuldigten Fernbleiben von der Arbeit zu tun. Eine ähnliche Ableitung aus dem Hebräischen ist zwar möglich, es gibt aber auch sehr abenteuerliche Erklärungen, die mit den sich betrinkenden Färberei-Arbeitern zusammenhängen, die dadurch mehr Urin produzieren wollten, um blaue Farbstoffpigmente zu fixieren. Eine andere Möglichkeit ist der Zusammenhang mit der blauen (eigentlich ist es Lila) liturgischen Farbe der kirchlichen Fastenzeit, während der die Menschen nicht zu viel arbeiteten.

Deutlich weniger diskutiert ist die Ableitung der Wendung ‚**pleitegehen**', die heute Zahlungsunfähigkeit bezeichnet. Pleite kommt aus dem hebräischen Wort *peleṭah*, welches ‚Flucht' bedeutet. Ursprünglich ging es dabei um die Flucht eines Schuldners, der sich seinen Gläubigern zu entziehen versuchte. Weil auf Hebräisch „p" und „f" mit dem gleichen Buchstaben ausgedrückt werden, leitet sich aus *peleṭah* auch das deutsche Wort ‚Flöte' ab. **Pleitegehen** und **flöten gehen** haben also nicht nur den gleichen hebräischen Ursprung, sondern auch die gleiche deutsche Bedeutung. Aus dem Pleitegeher wurde später der **Pleitegeier**, der allerdings mit dem aasfressenden Vogel nichts zu tun hat.

Kohl reden hat damit zu tun, dass jemand etwas Unsinniges erzählt, die Redewendung ist jedoch antisemitisch angehaucht. Sie wurde zunächst von Theologiestudierenden in Halle in die deutsche Umgangssprache eingeführt. Der Begriff *qol* ist im Hebräischen völlig neutral und bezeichnet lediglich die Stimme, weil diese aber nun jüdisch war, wurde sie negativ konnotiert und mit der Bedeutung von Unsinn versehen. Ähnlich antisemitisch angehaucht ist die Etymologie von **mauscheln**, das den Abschluss von heimlichen oder hinterhältigen Absprachen oder den Vollzug unlauterer Geschäfte bezeichnet. Es wird auch verwendet um allgemein intransparente, verschwörerische oder betrügerische Handlungen zu beschreiben und hat dementsprechend eine stark negative Konnotation – es erinnert verdächtig an den Namen des hebräischen Führers des Volkes schlechthin: Moses (*mošæh*).

Jemanden einseifen im Sinne von jemanden betrügen oder jemandem etwas einreden, kam über das Jiddische von dem hebräischen Begriff *sæbæl*, der so viel wie ‚Mist', ‚Dreck' bedeutet. Der Akt, jemandem so viel Mist zu erzählen, bis dieser es glaubt und sich täuschen (also einseifen) lässt, ist typisch für zwei Kategorien von Menschen – **Ganoven** und **Gauner**. Beide Worte weisen ebenfalls eine hebräische Wurzel auf, wenngleich diese vor allem für das zweitgenannte Wort etwas komplex ist. Die Verbwurzel *gnb* bedeutet Stehlen und beschreibt die Tätigkeit eines Ganoven somit ganz gut. Gauner wird hingegen von einigen Forschern vom hebräischen Wort für Griechenland (*jawan* = Ionien) abgeleitet und hängt so mit der sehr geringen Meinung zusammen, die man von griechischen Einwanderern hatte, als nach der Eroberung Konstantinopels durch die Türken (im Jahre 1453) sehr viele heimatlose griechische Flüchtlinge nach Europa kamen. Bekanntermaßen kann man Gauner und Ganoven, wenn sie erwischt wurden, im **Knast** antreffen. Das hier zugrundeliegende hebräische Wort *q^{e}nas* bezeichnet ursprünglich die Geldstrafe. Um jedoch zu vermeiden, dass man überhaupt von der Polizei erwischt wird, kann man zum Beispiel **Schmiere stehen**, also als Wachposten oder Aufpasser fungieren, während andere eine kriminelle Handlung ausführen. Das hebräische *šamar* bedeutet ‚bewachen'.

Masl oder **Massl** haben bedeutet Glück haben und ist unschwer mit dem Wort *mazel* (= Glück, Schicksal, was ursprünglich den festgelegten Weg der Sterne bezeichnet) in Verbindung zu bringen. Ein **Schlammassel**

ist in der Folge das schlimme Masl, also das Unglück bzw. die Folge davon. Und wenn jemand eine günstige Gelegenheit verpasst, dann hat man sie eben **vermasselt**.

Neben diesen Wortverbindungen etablieren sich auch feste Redewendungen, die aus dem Hebräischen bzw. Jiddischen stammen. Die beide bekanntesten sind mit Sicherheit der Wunsch zum Neujahr ‚**guten Rutsch**' und der Euphemismus ‚**Hals- und Beinbruch**', der oft auch als ironischer Glückwunsch gebraucht wird. In beiden Fällen ist die etymologische Ableitung zwar nicht endgültig gesichert, aber ein Ursprung aus dem Hebräischen nicht unwahrscheinlich. Der **gute Rutsch** ins neue Jahr hat nichts mit einem tatsächlich körperlichen Rutschen zu tun, es handelt sich vielmehr erneut um eine Verballhornung, also um eine missverständliche Wahrnehmung und in der Folge um die falsche Wiedergabe eines fremden Ausdrucks. In diesem Fall handelt es sich wahrscheinlich um den Wunsch nach einem guten *roš* (= Anfang) des Jahres. Aus *roš* wurde Rutsch. Auch **Hals- und Beinbruch** hat nicht wirklich etwas damit zu tun, dass man sich die Knochen bricht, es ist ebenfalls ein missverstandener hebräischer Segenswunsch: *haṣlaha ub^{e}roḥa* (= Glück und Segen). Aus dem nicht richtig verstandenen *haḥlaḥa* wurde ‚Hals'. Das Wort ‚Bein' im Sinne von Knochen wurde ergänzt, während *b^{e}roha* zu ‚Bruch' wurde. Auf diese Weise entstand eine ironische oder scherzhafte Art, Glück zu wünschen.

Zum Schluss: mausetot

Als letztes Wort soll eines vorgestellt werden, welches eine besondere Aufmerksamkeit verdient hat, weil es auf das interessante Phänomen der Mischworte bzw. der Lehnübersetzungen hindeutet. Es handelt sich um das Wort **maustot** (oder **mausetot**).

Dieses Eigenschaftswort hat gar nichts mit einer Maus zu tun, die sich, um nicht gefressen zu werden, vor einer Katze scheintot stellt, vielmehr ist es eine Kombination aus einem fremdsprachigen Begriff und seiner Übersetzung in die eigene Landessprache. Maus wird hier dem Hebräischen entlehnt: *mot*, was eben tot bedeutet. Maustot heißt in der Folge also ‚tot tot' also ganz tot.

Auch andere einfache Worte wie **Wein** (*jajin*), **Kamel** (*gamel*) und auch **Kanon** (*qan*) stammen aus dem Hebräischen. **Kanon** bedeutet Maßstab, Richtschnur und entwickelte sich im übertragenen Sinn zur Bedeutung von ‚verbindlich' oder ‚allgemein gültig'. Demnach ist der Ausdruck **unter aller Kanone** nicht in einem kriegerischen Kontext verortet, sondern bezeichnet eine Leistung, die definitiv hinter dem gesetzten Maßstab zurückbleibt. Ein vernichtendes Urteil, das hoffentlich niemanden, der mit diesem Lehrbuch Hebräisch gelernt hat, bei der Prüfung treffen wird. Im Zweifelsfall hilft nur das **Schummeln**, abgeleitet von *śamal* = einwickeln, verhüllen, sodass man den wahren Wert einer Ware nicht erkennen kann, und daher im übertragenen Sinn betrügt.

Lebendige Begegnung mit dem Hebräischen

Vom Stellenwert des Althebräischen in Theologiestudium und Unterricht

Doris Nellessen-Wefers

Das Hebräische ist eine Sprache wie jede andere, und doch eine besondere

Sprache, ob gesprochen oder verschriftlicht, verbindet Menschen, transportiert Informationen, Emotionen und Denkgebäude. Das Beherrschen einer Sprache gewährt Zugang zu anderen Welten und Kulturen, in Unkenntnis einer Sprache bleiben diese verschlossen oder müssen über Dritte vermittelt werden. Entschlüsseln zu können, was ein anderer Mensch formuliert hat bedeutet auch, durch Erfahrungen des oder der anderen lernen zu können und den eigenen Erfahrungsschatz zu bereichern. Dass dies auch über Hunderte und Tausende von Jahren hinweg möglich ist, kann immer wieder faszinieren. So lesen wir im Hier und Jetzt die Gedanken, die vor langer Zeit ein Mensch der Antike in Worte gefasst hat. Augenscheinlich wurden diese Gedanken für so wertvoll erachtet, dass sie in unsere Zeit tradiert wurden und sich uns zur Lektüre anbieten. Wenn es sich bei den Texten zudem um kanonisierte religiöse Schriften, um Heilige Schriften handelt, sind sie für den gläubigen Menschen ungleich wertvoller. Dann gilt es in besonderer Weise, mit diesen Texten in einen lebendigen Dialog zu treten. Es kann daher nicht genügen, unsere jüdisch-christliche Bibel einmalig aus dem Hebräischen und dem Griechischen zu übertragen, um mit einer Übersetzung weiterzuarbeiten und auf dieser theologische Gebäude zu errichten. Wer die Schrift und die in ihr enthaltene Botschaft ernst nimmt, braucht einen stets neuen Zugang. Daher sind Menschen nötig, die mit der griechischen und hebräischen Sprache vertraut sind und die biblischen Texte stets neu in die eigene Sprache und in die eigene Zeit übersetzen.

Im Falle des Hebräischen haben wir es zusätzlich mit einem einzigartigen Phänomen zu tun. Die hebräische Sprache wurde für Jahrhunderte weitgehend nicht mehr als Alltagssprache genutzt und kam nur noch in der Liturgie und in der Verständigung unter Gelehrten zum Einsatz. Dies bedeutete jedoch noch kein „Aussterben" der Sprache, da jüdische Menschen durchgängig über Grundkenntnisse in der Liturgiesprache verfügten. Seit dem 19. Jahrhundert wurde das Hebräische als Alltagssprache wiederbelebt. Der in Litauen geborene Sprachwissenschaftler Eliezer Perlman alias Eliezer Ben Yehuda setzte es sich zum Ziel, die hebräische Sprache alltags- und zukunftstauglich zu machen. Er wanderte nach Palästina aus, gab dort hebräische Zeitungen heraus und verfasste ein hebräisches Wörterbuch. Auf der Basis biblischer Wörter gestaltete er moderne hebräische Vokabeln. So kommt es, dass es heute für Begriffe wie Sammeltaxi, Abiturprüfung und Flaschenpfand, die natürlich nicht in der Bibel zu finden sind, ganz selbstverständlich Ausdrücke im Hebräischen gibt. Ben Yehuda war in seinem Bemühen schließlich so erfolgreich, dass das Neuhebräische, das Ivrit, heute von fast 10 Millionen Menschen gesprochen wird. Völlig erstaunlich ist dabei, dass man sich mit Grundkenntnissen des Althebräischen und dem biblischen Vokabular durchaus in Israel verständigen kann. So wird man auf dem Markt mit Sicherheit damit ein Brot oder Früchte kaufen können …

Ein erstes Hemmnis besteht lediglich darin, dass das Althebräische an Universitäten und Schulen mit altsprachlichen Methoden gelehrt und gelernt wird, die vor allem auf das Übersetzen ausgerichtet sind. Zum Lesen der literarischen Bibeltexte konzentriert man sich dort beispielsweise schnell auf das Erlernen der Suffix- und der Präfixkonjugation (auch als Afformativ- bzw. Präformativkonjugation bezeichnet), während das Neuhebräische für einfache Alltagsäußerungen zumeist Nominalsätze und Partizipien nutzt. Hier haben wir es also mit einer unterschiedlichen Reihenfolge im Erlernen der Grammatik zu tun. Zudem begegnen uns in der Bibel punktierte Texte, die das richtige Lesen der Vokale erleichtern. Im Neuhebräischen fehlen diese Hilfen weitgehend, so dass hier eine höhere aktive Lesekompetenz erforderlich ist. Dennoch ist es faszinierend, dass sich das Althebräische und das Neuhebräische so nahe sind. Und eine kurze Einführung ins Neuhebräische oder ein erster Ulpan (Sprachkurs) in Israel können über die ersten Startschwierigkeiten schnell hinweghelfen.

Hebräisch im Religionsunterricht

Für das Lehramtsstudium im Fach Katholische Religionslehre wird in NRW laut Lehramtszugangsverordnung vom 25.04.2016 / 02.07.2021 (LZV § 11) neben umfangreicheren Kenntnissen in Latein auch der Nachweis von Grundkenntnissen des Hebräischen und des Griechischen verlangt, für den Studienabschluss in Evangelischer Theologie sind neben umfangreicheren Kenntnissen in Griechisch wahlweise Kenntnisse in Hebräisch oder in Latein nachzuweisen. Manchen Lehramtsstudent:innen stellt sich die Frage, inwieweit diese Studienleistungen für ihre spätere Unterrichtspraxis vonnöten sind und überhaupt zum Einsatz kommen können. Hat sich die moderne Rolle einer Lehrkraft nicht mittlerweile zu der eines Lerncoaches entwickelt, was den Lernenden vor allem den Weg zu selbstbestimmtem und kooperativem Lernen eröffnet, unter steter Berücksichtigung eines Lebensweltbezugs der Lerngegenstände? Wo hat dort noch eine ausgedehnte Fachlichkeit der Lehrperson ihren Platz, wo könnten gar Hebräischkenntnisse wirksam werden?

Sicherlich sollte im Unterricht der Anteil von Frontalunterricht zugunsten der Schüleraktivität zurückgehen. Aber die Bedeutung einer guten fachlichen Ausbildung für das Anlegen und Begleiten von offenen Lernarrangements sollte nicht unterschätzt werden. Dazu genügt ein Blick in das aktuelle Kerncurriculum für die Lehrerausbildung im Vorbereitungsdienst (Ministerium für Schule und Bildung des Landes NRW, 2021). Darin werden Kompetenzen und Standards festgelegt, die auf die Professionalisierung der Lehramtsanwärter:innen in fünf obligatorischen Handlungsfeldern abzielen: **U** (Unterricht gestalten), **E** (Erziehungsauftrag wahrnehmen), **L** (Lernen und Leisten herausfordern, dokumentieren, rückmelden und beurteilen), **B** (beraten) und **S** (im System Schule mit allen Beteiligten entwicklungsorientiert zusammenarbeiten). Diese fünf Handlungsfelder orientieren sich durchgehend an der „Leitlinie Vielfalt", welche die Heterogenität der Lernenden in allen ihren möglichen Ausprägungen als Normalität versteht. Für alle Lernenden sind demnach herausfordernde Lernsituationen zu planen, die deren individuelle Kompetenzentwicklung passend fördern. Einerseits sind damit Lernarrangements für langsamere Lernende gefordert, aber andererseits auch weiterführende Anregungen für Schüler:innen, die lernbegierig und interessiert an vertiefter Auseinandersetzung sind. Gerade hier ist eine Lehrkraft gefragt, die aufgrund breiter und gründlicher Fachkenntnisse flexibel und souverän im Unterricht agieren kann. Insgesamt konkretisieren sich die Anforderungen an die Lehrenden in elf Kompetenzen, aber nicht von ungefähr wird die Aufstellung angeführt von der Fachkompetenz der Lehrkraft: „Lehrkräfte planen Unterricht unter Berücksichtigung unterschiedlicher Lernvoraussetzungen und Entwicklungsprozesse fach- und sachgerecht und führen ihn sachlich und fachlich korrekt durch." (S.7).

Entsprechend sind bei der Vorbereitung und Durchführung des Religionsunterrichts Kenntnisse des Griechischen und des Hebräischen grundsätzlich hilfreich. Immer, wenn es um biblische Themen geht, konkrete Bibeltexte gelesen werden und exegetische Sekundärliteratur auszuwählen ist, kann eine Religionslehrkraft mit Grundkenntnissen in den beiden biblischen Sprachen sich ein eigenes und besseres Bild machen und die Gedankengänge biblischer Kommentare kritisch nachvollziehen. Vorgefertigte Unterrichtsmodelle können fachlich beurteilt und an die Lernbedingungen der Lerngruppe angepasst werden. Bei Unterrichtsmodellen und auch Lehrwerken kommt es leider gelegentlich vor, dass Fehler im Zusammenhang mit hebräischen Fachbegriffen und Namen auftauchen. Immer ist im Unterricht die Lehrkraft die letzte verantwortliche Instanz für fachlich richtige Informationen. Gut, wenn man dann erkennen kann, dass hebräische Bestandteile spiegelverkehrt oder rechtsläufig gedruckt wurden oder bei interreligiösen Themen arabische und hebräische Namen vertauscht wurden …

Dem/der Religionslehrer:in gibt ein umfangreiches Fachwissen Sicherheit und Rückhalt in inhaltlich fordernden Unterrichtssituationen. Sicherlich kann man eine Schüler:innenfrage auch einmal bis zur nächsten Stunde zurückstellen. Aber es ist für die Lehrkraft und ihr Standing im Kurs günstiger, wenn sie auch spontan und souverän zeigen kann, dass sie einen deutlichen Wissensvorsprung hat und „ihr Handwerk versteht".

Schaut man in die aktuell gültigen Kernlehrpläne (KLP) für die Sekundarstufen I (von 2019) und II (von 2014) am Gymnasium in NRW sowie in die jeweiligen Beispielcurricula, so findet man erwartungsgemäß viele Bezüge zu biblischen Texten. Laut KLP SI sollen im RU die Fähigkeiten und Fertigkeiten der Lernenden in den Bereichen Sachkompetenz,

Methodenkompetenz, Urteilskompetenz und Handlungskompetenz an sieben Inhaltsfelder geknüpft vermittelt werden. Die Inhaltsfelder 2 (Sprechen von und mit Gott), 5 (Bibel als „Ur-kunde" des Glaubens) und 6 (Weltreligionen im Dialog) sind ohne Beschäftigung mit alttestamentlichen Texten nicht denkbar. Schon in der Erprobungsstufe (5/6) werden Entstehung und Aufbau der Bibel thematisiert. Dazu gehört es auch, Wissen über die Sprachen der Bibel zu vermitteln, mit dem Kennenlernen des griechischen Alphabets und des hebräischen Alef-Bet. Hierbei ist es sehr wirksam, wenn die Heranwachsenden dazu angeleitet werden, ihren eigenen Namen z. B. auf Hebräisch zu schreiben. Auch bei zentralen theologischen Begriffen wie *šalom* oder *mašiaḥ* lohnt es sich für die Lernenden, das Schriftbild zu kennen, ebenso wie das wichtiger biblischer Namen wie beispielsweise *ʾavraham* und *mošeh*. Dies gilt in besonderem Maße für das Tetragramm und die Übereinkunft, wie es zu sprechen ist. Schließlich hat sich mittlerweile auch christliche Theologie dafür entschieden, den Gottesnamen transkribiert als JHWH zu schreiben, um das Buchstabieren oder das Sprechen eines Ersatzwortes nahezulegen und die Aussprache von unsicheren Rekonstruktionen zu vermeiden, die jüdische Menschen niemals aussprechen würden.

Diese Einblicke sind nötig, um die Schülerinnen und Schüler zum interreligiösen Dialog zu befähigen und dadurch zu einem respektvollen Miteinander der Religionen beizutragen. Durch die Jahrgangsstufen 7 bis 10 hindurch finden sich bei den Inhaltsfeldern 3 (Jesus der Christus), 6 (Weltreligionen im Dialog) und 7 (Religion in einer pluralen Gesellschaft) noch zahlreiche weitere Gelegenheiten, hebräische Begriffe zu erläutern, das Aufgreifen alttestamentlicher Formen und Motive im Neuen Testament herauszustellen und die jüdischen Ursprünge christlicher Feste zu zeigen. Bei einer Exkursion zum Lernort Synagoge begegnet das Hebräische auf Torarollen, bei Inschriften und in den ausliegenden Gebetbüchern – eine weitere Gelegenheit für die Religionslehrkraft, ihre Hebräischkenntnisse einzubringen. Bei einem Besuch eines jüdischen Friedhofs finden sich auf den Grabmälern ebenfalls Inschriften und Bibelzitate, die übersetzt werden wollen.

In den Grundkursen (wie auch in den selteneren Leistungskursen) der gymnasialen Oberstufe bereichern Hebräischkenntnisse der Lehrkraft selbstverständlich auch den Unterricht. So ist es zum Beispiel sehr hilfreich, das semantische Feld an möglichen deutschen Übersetzungen ausgewählter hebräischer Schlüsselbegriffe gemeinsam mit den Lernenden zu untersuchen. Damit kann aufgezeigt werden, dass Übersetzung immer schon Deutung ist und dass ein beim Übersetzen eingebrachtes Vorverständnis deutliche theologische Konsequenzen bei der Rezeption einer Bibelstelle haben kann.

Ein aussagekräftiges Beispiel ist das Verb *kabaš* in Gen 1,28. Die Bibelstelle wird in der Einheitsübersetzung von 2016 wie folgt wiedergegeben: „Gott segnete sie und Gott sprach zu ihnen: Seid fruchtbar und mehrt euch, füllt die Erde und **unterwerft** sie …". Schaut man in verschiedenen Hebräischwörterbüchern nach, so findet sich für das hebräische Verb neben der Grundbedeutung „seinen Fuß setzen auf" ein Wortfeld, das von „sich kümmern um …" und „sich [einer Sache] annehmen" über „urbar machen" bis hin zu „bezwingen", „unterwerfen" und sogar „vergewaltigen" reicht. Hier wird ganz klar deutlich, welche Verantwortung beim Übersetzen und beim Kommentieren einer Bibelstelle wahrzunehmen ist. Für unsere Mitgeschöpfe und die Erde als unsere gemeinsame Lebensgrundlage macht es einen enormen Unterschied, ob aus dem Vers ein Recht auf tatsächliche Unterwerfung und Ausbeutung abgeleitet wird oder eher die Hege und Pflege als Aufgabe des Menschen gilt. Innertextliche, intertextuelle und außertextliche Bezüge unterstützen im Übrigen ein Welt- und Menschenbild, das auf Bewahrung der Schöpfung hin ausgerichtet ist (Gen 1,22: Gottes Segen auch für die Tiere; Gen 2,15: Aufgabe des Menschen, zu bearbeiten und zu hüten; altorientalisches Bild „seinen Fuß setzen auf" als Schutzgestus gedeutet: Rollsiegel zeigen einen Hirten, der seinen Fuß auf ein schwaches Tier setzt, um es gegen ein Raubtier zu verteidigen). Eine solche Untersuchung und Ausschärfung biblischer Schlüsselbegriffe ist nicht nur im Rahmen anthropologischer Fragestellungen gewinnbringend, sondern beispielsweise auch bei der Frage des Redens von Gott angesichts des Bilderverbots (Wiedergabe des Begriffs *pesel* als „Bildnis", „Götterbild" „Götzenstatue"), bei der Beschäftigung mit der Theodizeefrage im Hiobbuch und nicht zuletzt bei christologischen Zusammenhängen, wenn Jesus als der erwartete Messias verkündet wird.

Die genannten Anwendungsbereiche in den Sekundarstufen I und II dürften hinlänglich deutlich machen, dass beim Theologiestudium erworbene Hebräischkenntnisse den Religionsunterricht bereichern und beleben können. Auf Hebräisch- wie Griechischkenntnisse zu verzichten hieße demnach, einen Kompetenzverlust auf der Seite der Unterrichtenden und in der Folge auch bei den Lernenden in Kauf zu nehmen.

Zusätzlich sollte noch darauf hingewiesen werden, dass Religionslehrer:innen in ihren Oberstufenkursen gegebenenfalls auf Schüler:innen treffen könnten, die das Erlernen der hebräischen Sprache als intellektuelle Herausforderung ihrerseits angenommen haben und in diesem Bereich über eine besondere Expertise verfügen. An der Entscheidung, das Fach Hebräisch in der Oberstufe zu belegen, sind oft auch die Religionslehrkräfte als Vorbild beteiligt.

Hebräisch als reguläres Unterrichtsfach in der gymnasialen Oberstufe (NRW)

Als einzige nichteuropäische Sprache wird Hebräisch traditionell an Gymnasien angeboten – vor allem an verschiedenen ausgewählten Gymnasien in Nordrhein-Westfalen, darunter auch am Kaiser-Karls-Gymnasium in Aachen. Hebräisch können dennoch im Prinzip Schüler:innen aller nordrhein-westfälischen Gymnasien wählen, da der Unterricht in schulübergreifenden Zentralkursen organisiert wird, zu denen sich Interessierte der umliegenden Gymnasien anmelden können. Es handelt sich um vierstündige Grundkurse, die in drei Oberstufenjahren zum Hebraicum führen. Wie in allen Grundkursen einer neu einsetzenden Fremdsprache werden verpflichtend Klausuren geschrieben. Es können außerdem Facharbeiten im Fach Hebräisch verfasst werden und Hebräisch ist als drittes oder viertes Abiturfach wählbar. Wie jedes andere Fach werden die schriftlichen Prüfungsaufgaben bei Hebräisch als drittem Abiturfach zentral gestellt. Dabei ist ein Text mittleren Schwierigkeitsgrads aus der Bibel oder aus der jüdischen Literatur mit Hilfe eines hebräisch-deutschen Wörterbuchs zu übersetzen. Im Anschluss daran ist auf der Basis der Übersetzung eine Interpretationsaufgabe zu bearbeiten.

Der grundlegende Spracherwerb erfolgt in den ersten drei Halbjahren, die folgenden drei Halbjahre widmen sich der Lektüre biblischer Texte. Interessant ist dabei, dass im ersten Unterrichtsjahr der Zugang zur Sprache optional über das Erlernen des Neuhebräischen erfolgen kann, je nach Ausbildung der Lehrkraft. Erst ab der Qualifikationsphase ist – nicht zuletzt im Hinblick auf die Abiturprüfung – das Althebräische verbindlich festgelegt. An einigen Standorten wird der Zentralkurs Hebräisch stufenübergreifend organisiert, so dass zwei oder sogar drei Jahrgänge gemeinsam lernen. Dies gelingt durch Binnendifferenzierung und zum Teil durch „Lernen durch Lehren“ als gegenseitige Unterstützung der Schüler:innen. Häufig wählen Schüler:innen das Fach, die ein großes Interesse an Religion jeglicher Denomination, am Judentum oder grundsätzlich an Sprachen haben. Die Studienziele Sprachwissenschaft, Literatur- und Kulturwissenschaften sowie Architektur oder Bibliothekswesen haben ebenfalls schon Schüler:innen in die schulischen Hebräischkurse geführt. Dabei ist gerade in den letzten Jahren zu beobachten, dass zunehmend Schüler:innen ohne Bekenntnis teilnehmen oder verschiedenen (jedoch meist abrahamitischen) Religionen und Konfessionen angehören. Außerdem stammen viele aus unterschiedlichen muttersprachlichen Kontexten. Hier bietet sich im Kleinen ein hervorragendes Erprobungsfeld für den interkulturellen und interreligiösen Dialog, vor allem im offenen und respektvollen Meinungsaustausch bei der Auslegung der übersetzten hebräischen Texte. Es wird dabei deutlich spürbar, dass die hebräischen Texte und ihre Themen auch heute noch aktuell oder sogar brandaktuell sind, da sie vor allem Grundfragen menschlicher Existenz ansprechen. Sie veranlassen heutige Schüler:innen, gemeinsam über Werte, Geschlechtergerechtigkeit, soziale und ökologische Verantwortung und allgemein über die Mitgestaltung der Gesellschaft zu reflektieren und fordern zur Stellungnahme heraus. In der Regel entsteht durch diese Gespräche in den nicht zu großen Kursgruppen ein positives, entspanntes Kursklima sowie ein großer Zusammenhalt.

Das staatliche Hebraicum

Der schulische Hebräischunterricht führt in drei Jahren zum Hebraicum, wenn kein Halbjahr mit ungenügend bewertet wurde und im letzten Schulhalbjahr mindestens die Note „ausreichend“ erreicht wird. An einigen Schulen, bei denen kein Grundkurs eingerichtet werden konnte, finden zweijährige Arbeitsgemeinschaften statt, die durch eine besondere schriftliche und mündliche Prüfung im zeitlichen Zusammenhang mit dem Abitur ebenfalls zum Hebraicum führen können. Wer außerschulisch im Rahmen des Studiums oder Selbststudiums Hebräisch gelernt hat, hat die Möglichkeit, in Hebräisch (wie auch in Latein und Griechisch üblich) eine Erweiterungsprüfung zum Abiturzeugnis abzulegen. Diese Prüfungen finden entweder direkt bei einer Bezirksregierung statt oder können von Universitäten organisiert werden. Im letzteren Fall muss jedoch mindestens der/die Vorsitzende durch die zuständige Bezirksregierung entsandt werden. Wer bei einem universitären Sprachkurs auf den Geschmack gekommen ist, dem eröffnet sich hier die Perspektive, die erworbenen Hebräischkenntnisse zu vertiefen und anschließend mit dem deutschlandweit gültigen Hebraicum bescheinigen zu lassen. Die Begeisterung für die hebräische Sprache hat schon viele erfasst: Manch eine, die nur kurz die Grundlagen der Sprache kennenlernen wollte, findet sich heute mit dem Hebraicum in der Hand oder sogar als Hebräischlehrkraft wieder … Das Hebräischkollegium in Nordrhein-Westfalen würde sich über Zuwachs freuen!

Autor:innen

Christina Kumpmann wurde 1986 geboren und hat in Münster Theologie studiert. Parallel zur Abfassung ihrer Promotionsschrift zur Theologie der Psalmen arbeitete sie in der Qumranforschung (Erstellung des Theologischen Wörterbuch zu den Qumrantexten [ThWQ]) in Bonn mit. Der Abschluss der Promotion erfolgte 2015. Mit dem beruflichen Wechsel in das Bischöfliche Generalvikariat Aachen nahm sie zunächst Lehraufträge und ab 2018 eine Stelle als Mitarbeiterin an der RWTH Aachen University an. Zu den Aufgaben dieser Stelle gehörte auch der Kurs zum biblischen Hebräisch. Daneben war Christina Kumpmann an diversen Projekten zu neuen Lehrformen (u.a. MOOCs, Nutzung von Virtual Reality) leitend beteiligt.

Seit 2023 ist Christina Kumpmann Professorin für Theologie und Exegese der Bibel an der Katholischen Hochschule Mainz.

Doris Nellessen-Wefers wurde 1962 in Aachen geboren, sie ist verheiratet und Mutter eines Kindes. Nach dem Studium der Theologie in Aachen und Bonn sowie der Romanistik in Aachen und Metz absolvierte sie ihr Referendariat in Mönchengladbach. Sie arbeitete für das Bistum Aachen und das Institut für Katholische Theologie der RWTH Aachen und unterrichtet seit 1993 die Fächer Französisch und katholische Religionslehre zunächst am Gymnasium Monschau und aktuell am Inda-Gymnasium Aachen sowie ebenfalls seit 1993 das Fach Hebräisch am Kaiser-Karls-Gymnasium Aachen.

Simone Paganini wurde 1972 in Italien geboren, mit der Philosophin Claudia Paganini verheiratet und Vater von drei Kindern. Nach Stationen in Florenz, Rom und Innsbruck wo er Theologie und Philosophie studiert hat, hat er an den Universitäten in Wien, München, Innsbruck und Bozen gearbeitet. Seit 2013 ist er Professor für Biblische Theologie an der RWTH-University in Aachen.

Er ist Autor einiger wissenschaftlichen Monographien und mehrerer populärwissenschaftlicher Bücher, sowie zahlreiche Aufsätze in Fachzeitschriften. In der Lehre experimentiert er gerne neue Methoden der digitalgestützten Vermittlung wissenschaftlicher Inhalte (Blended Learning, Gamification, Flipped Classroom, Virtual Reality). Er unterrichtet Bibel-Hebräisch seit mehr als zwei Jahrzehnten.